Narrative
Social Work

ナラティヴ・ソーシャルワーク

"〈支援〉しない支援"の方法

荒井浩道 ❖ 著

新泉社

はじめに

　ナラティヴ・アプローチと出会う前，わたしはクライエントの語りを漫然と傾聴することしかできませんでした。「こんにちは」と挨拶し，「今日は暖かいですね」などと言葉をかわした後，どのように面接を進めてよいかわからなかったのです。何を目指し，どのようにクライエントの語りに耳を傾ければよいのか，と。

　「ナラティヴ」には，「物語，語り，声」という意味があります。ナラティヴ・アプローチとは，クライエントの小さな声，経験にもとづいた語り，その物語に注目する支援方法です。支援者は，一方通行の「支援」を放棄し，「無知の姿勢」をとることで，クライエントの物語をていねいにつむぐことに力を注ぎます。

　このようなナラティヴ・アプローチは，さまざまな援助領域から注目を集めていますが，難解な方法だと思われています。そのため，実践の場では敬遠され，普及が進んでいないように思われます。とくにソーシャルワークの領域では，ナラティヴ・アプローチを用いた実践はほとんどおこなわれていないのが実情です。

　また，いくつかの疑問も寄せられています。その代表は，傾聴の技法と何が違うのかというものです。非専門的，非科学的，非社会的な支援方法であるという批判もあります。さらには，理論的には面白いが実際の支援場面では役に立たないという本質的な課題も指摘されています。

　しかし，このような課題をかかえるナラティヴ・アプローチですが，物語への言語的介入という点と，支援関係の問い直しという点において，支援のあり方を変える新しい方法といえます。

　この本は，ソーシャルワークの幅広い領域にナラティヴ・アプローチの考え方を適用し，その可能性を「ナラティヴ・ソーシャルワーク」という言葉に込めて論じるものです。

　この本が，日本のソーシャルワークとナラティヴ・アプローチの発展に少しでも貢献することができれば幸いです。

目次

はじめに　3

I　ナラティヴ・アプローチとは何か?　――― 7

1　ナラティヴ・アプローチのものの見方　8
2　さまざまなナラティヴ・アプローチ　13
3　ナラティヴ・アプローチに寄せられる疑問　20
4　ナラティヴ・ソーシャルワークの可能性　28

II　困難事例を支援する　――― 31

1　誰のための支援か?　32
2　無知の姿勢をとり，問題を外在化する　39
3　例外を発見し，物語を調整する　48

III　多問題家族を支援する　――― 65

1　対等な支援は可能か?　66
2　認知症患者の物語をつむぐ　74
3　不登校児の物語をつむぐ　85

IV　グループで支え合う ―――――――――― 101

　　1　当事者だから支え合えるのか？　102
　　2　外在化，語り直し，分かち合い　109
　　3　当事者と専門職の協働　121

V　コミュニティの物語をつむぐ ―――――――― 127

　　1　物語としての地域支援　128
　　2　「地域の物語」を書き換える　132
　　3　「地域の物語」を守る　136
　　4　「地域の物語」に寄り添う　139

VI　ナラティヴ・データを分析する ――――――― 147

　　1　ナラティヴにエヴィデンスはあるか？　148
　　2　テキストマイニングによる分析の実際（基礎）　153
　　3　テキストマイニングによる分析の実際（応用）　161

　結びにかえて　168
　注　173

I
ナラティヴ・アプローチとは何か？

|1| ナラティヴ・アプローチのものの見方

ナラティヴという言葉の意味

「ナラティヴ（narrative）」という言葉を聞いたことがありますか。ナラティヴは，医療，看護，心理療法，ソーシャルワークなどの対人援助の領域を中心に，社会学，文化人類学，建築学，芸術学，情報学などのさまざまな領域で注目を集めている新しい考え方です。

ただし，一口にナラティヴといっても，そこにはいくつかの異なった意味が込められています。このことは，ナラティヴという言葉の邦訳の揺らぎとしてもあらわれています。たとえば，ナラティヴが「物語」と訳される場合は，出来事のたんなる羅列ではなく，なんらかの筋書きのあるストーリーという意味合いが込められています。また，「語り」と訳される場合は，ある個人の経験にもとづいた発言を意味します。さらにナラティヴは，「声」と訳されることもあります。この場合は，大きな声に押しつぶされそうな小さな声という意味が込められています。

このように複数の意味が込められているナラティヴですが，そこにはある共通点があります。それは，ナラティヴの持ち主の経験を，より深く理解しようとする視点です。わたしたちは，ある個人や家族の経験を，その個人や家族の立場にたって，より深く理解しようとするからこそ，ナラティヴに注目するのです。

ナラティヴという言葉にどのような意味が込められているのか，架空の「Ａさん」を例に見ていきましょう。

たとえば，「Ａさんの物語」といったとき，そこには，Ａさんが自らつむいだ物語という意味が込められています。それは，Ａさんが経験した出来事を正確に並べただけの年表ではなく，Ａさんの過去の大切な思い出や未来への希望を軸に，Ａさんの視点から再構成されたストーリーです。「Ａ

さんの物語」は，Aさんが生きてきた証しであり，Aさんが A さんであるためになくてはならない大切なものです。

　「Aさんの語り」といったときは，友だちからの伝聞やテレビの聞きかじりではなく，Aさんのオリジナルの発言という意味が込められています。それもたんなる事実の羅列ではなく，楽しかった，嬉しかった，辛かったといったAさんの想いが込められたものです。そこには，当たり障りのない通り一遍のものではなく，率直で時には赤裸々な告白を含みます。

　さらに，「Aさんの声」といったときは，ふだんは押し殺されているAさんの隠された気持ちという意味が強くなります。この「声」はとても小さなもので，他人が外からうかがい知ることは容易ではありません。Aさん自身も気づいていない気持ちかもしれません。しかし，注意深く耳を傾ければ，かすかに聞こえてくる声です。

　Aさんを理解するうえで，年齢，性別，家族構成，職業，年収，病名などの基本情報を知っておくことは重要です。しかし，それらはAさんの表面的な事柄にすぎません。ナラティヴの考え方からすれば，このような情報だけでAさんを理解するのは危ういといえるでしょう。

　たとえば，Aさんが「認知症を患う75歳の女性」とすると，この「認知症を患う75歳の女性」という情報は，疑う余地のない客観的な情報です。そして多くの人は，この情報を知ることで，「認知症患者」としてAさんを理解します。しかし，このような理解は，「被害妄想があり，徘徊するなどの問題行動がある」という典型的な「認知症患者」の型にAさんを押し込めることになりかねません。こうした表面的理解は，Aさんと向き合う際の先入観となり，支援の方向を歪めてしまう危険があります。

　Aさんをより深く理解するためには，そのような基本情報よりも，Aさんの物語，語り，声に耳を傾ける必要があるでしょう。認知症であるAさんはしっかりと語ることはできないかもしれません。しかし，Aさんをより深く理解しようとするには，Aさんの「声なき声」に耳を傾ける必要があるといえるでしょう。

この本では，ナラティヴの考え方にもとづいた支援方法を「ナラティヴ・アプローチ（narrative approach）」とよび，くわしく見ていきたいと思います。

支援方法としてのナラティヴ

　ナラティヴ・アプローチは，たとえば「Aさん」という具体的なクライエントの視点にたち，クライエントのより深い理解を目指すものです。この意味でのナラティヴ・アプローチは，とてもわかりやすく，なじみやすい考え方です。

　しかし，対人援助の分野では，ナラティヴ・アプローチは，とても難解なアプローチと受け止められています。そのため，ナラティヴ・アプローチがもっとも普及している心理療法，家族療法の領域においてさえ，ナラティヴ・アプローチを中心にすえて実践するセラピストはそれほど多くはありません。ソーシャルワークの実践に援用されることはほとんどないのが現状です[1]。その理由は，ナラティヴ・アプローチが社会の常識とかけ離れたものの見方をするからです。

　対人援助におけるナラティヴ・アプローチの基本的な立場は，一般社会（世間）の「常識」とはまったく異なるものです。さらには，「非常識」なものと映るかもしれません。しかし，「非常識」なものの見方こそナラティヴ・アプローチが支援方法として魅力をもつポイントです。なぜなら，ナラティヴ・アプローチは，そのような「常識」にとらわれて苦しむ人々を支援する方法だからです。

　ナラティヴ・アプローチでは，なんらかの困難をかかえている当事者と向き合うとき，その困難にはなんらかの「原因」があり，その「結果」として困難な状況になっている，という一般的な対人援助と同様の考え方をしません。むしろなるべくそのような考え方から距離をとってクライエントとかかわります。ナラティヴ・アプローチによる支援では，困難の「原因」を突き止め，その「原因」を取り除くことでクライエントが良くなる，

とは考えないのです。

そのためナラティヴ・アプローチでは,「原因」が何であるかを特定しません。たとえ,「原因」が何であるかを知っていたとしても,無関心であろうします。このような態度は,「無知の姿勢（not-knowing）」とよばれています[2]。

ナラティヴ・アプローチと社会構成主義

このようなナラティヴ・アプローチのものの見方は,ナラティヴ・アプローチ的な取り組みをしている支援者にとっては,おそらく共通する内容だと思います。つまり,「原因」にこだわらず,「原因」を取り除くことによる回復を目指さないという立場です。

一般的な対人援助の方法では,きちんとしたアセスメント（診断,評価）にもとづいて「問題」の「原因」を明らかにし,それにもとづいて支援を展開するのが「科学的」な方法であり,「クライエントのため」になると信じられています。しかし,ナラティヴ・アプローチでは,「原因」にはこだわりません。むしろ「原因」にこだわることを危険だと考えます。

ナラティヴ・アプローチでは,なぜ「原因」にこだわらないのでしょうか。それは,ナラティヴ・アプローチの考え方の根底にある「社会構成主義（social constructionism）」という学問的な立場に由来します[3]。

社会構成主義は,社会学や心理学などの領域において,90年代の知的パラダイムとして大きな影響をもたらしました。対人援助の領域においても,たとえば「ストレングス」などの用語とともに積極的に導入されています。

社会構成主義という考え方は,一言でいえば,さまざまなものごとは社会的に作られていると考える立場のことです。社会構成主義の立場から見ると,わたしたちが日常生活を送るうえで「常識」だと思っている事柄が,社会的に作られていることに気づきます。

たとえば,一般的には,男性が「男らしい」ことや,女性が「女らしい」

ことは当たり前のこと（常識）であり，社会的にも望ましいことと受け止められています。逆に，「男性」が「女らしい」ことや，「女性」が「男らしい」ことは，奇異なことと受け止められます。

しかし，そのような「常識」の枠に収まらない人々がいることも事実です。たとえば，ニューハーフとよばれる「男らしくない男性」の存在です。「彼ら」は，生物学的には「男性」ですが，「男らしさ」からは距離をとります。そして興味深いことに，一般の女性以上に「女性らしい」言葉遣いや仕草をします。このように見てくると，「男らしさ」，「女らしさ」という「常識」は，本質的というより，「社会的に作られたもの」と考えるほうが適切です。

社会構成主義はこのように，ものごとに本質があるという立場をとらず，逆にそのような本質はないと考えます。たとえていうならば，社会構成主義はタマネギのようなものです。どんなに皮を剥いてもそこに「中身」としての「本質」はありません。社会構成主義は，「探求していけばそこに本質がある」とする考え方（本質主義）とは正反対の立場をとるのです。

このような社会構成主義の考え方は，幸せな生活を送り，現状をとても心地よいと感じている人にとっては，受け入れがたい考え方かもしれません。今ある平穏な生活の根拠に揺さぶりをかける考え方だからです。しかし，世の中にはこの考え方に救われる人々もいます。それは生きにくさをかかえ，現状に絶望している人々です。このような人々にとって，さまざまなものごとは社会的に作られているという考え方は，生きる希望となる可能性があります。

2　さまざまなナラティヴ・アプローチ

ナラティヴ・アプローチのバリエーション

　このような考え方にもとづいたナラティヴ・アプローチは，対人援助の方法として，90年代後半から日本でも急速に注目を集めてきました。しかし，ナラティヴ・アプローチといっても，その種類は一つではありません。物語，語り，声に注目し，社会構成主義の考え方を採用するという共通点をもちながらも，それぞれ特徴をもった多様なアプローチがあります。

　ここでは，「ナラティヴ・アプローチ」の全体像を把握するため，以下の方法を概観します。

　①ナラティヴ・セラピー
　②コラボレイティヴ
　③リフレクティング
　④病いの語り
　⑤セルフヘルプ・グループ
　⑥当事者研究
　⑦ヒューマン・ライブラリー
　⑧ナラティヴ・インタビュー

　なお一般的にナラティヴ・アプローチとよばれる対人援助の方法は，最初の①ナラティヴ・セラピー，②コラボレイティヴ，③リフレクティングの三つですが[4]，この本ではその周辺に位置づけられるアプローチも取り上げることで，ナラティヴ・アプローチの可能性をより広くとらえたいと思います。

ナラティヴ・セラピー

　ナラティヴ・アプローチのなかでもっとも有名なものは，「ナラティ

ヴ・セラピー（narrative therapy）」です。ナラティヴ・セラピーは，オーストラリアのマイケル・ホワイト（Michael White）と，ニュージーランドのデイビット・エプストン（David Epston）によって提唱されました[5]。ナラティヴ・セラピーは，クライエントが，①ドミナント・ストーリー（この本では「こだわっている物語」とよびます）を解きほぐし，②オルタナティヴ・ストーリー（この本では「もう一つの物語」とよびます）を分厚くする，という方法です。

ナラティヴ・セラピーでは，わたしたちの人生・生活は複数の物語から成り立っていると考え，その物語の"権力の作用"に注目します。わたしたちの人生・生活は，同じ一つの経験であっても，異なった意味づけをすることで，複数の物語が存在する可能性があると考えます。そしてその複数の物語の間には，力の差があり，より力の強い「こだわっている物語」の影に隠れた力の弱い「もう一つの物語」に光を当てます。

「こだわっている物語」を解きほぐすプロセスで用いられる技法としては，「外在化（externalising problem）」，「ユニークアウトカムの発見（discovering unique outcomes, この本では「例外の物語の発見」とよびます）」があります。また，「もう一つの物語」を分厚くする技法としては，「再著述（re-authoring）」，「リ・メンバリング（re-membering）」，「定義的祝祭（definitional ceremony），「アウトサイダー・ウィットネス（outsider witnessing）」，「治療的手紙（therapeutic letters）」があります[6]。

コラボレイティヴ

「コラボレイティヴ（collaborative）」は，ハーレーン・アンダーソン（Harlene Anderson），ハロルド・グーリシャン（Harold A. Goolishian）によって提唱されたアプローチです[7]。コラボレイティヴも，社会構成主義の考え方にもとづき会話を引き出すという意味においてナラティヴ・アプローチの一つとして位置づけることができるでしょう。

このアプローチの骨子は，支援者とクライエントのコラボレイティヴ

（協働）にあります。支援者側の判断による特定のゴールを設定しません。あらかじめ決められたゴールに向かってクライエントを方向づけるのではなく，あくまでもクライエントとの対話のなかでゴールを探していきます。この対話は，クライエントにとっても支援者にとっても行き先が見えない不確定なものです。多くの支援者はここで不安になってしまうわけですが，コラボレイティヴでは，クライエントとの会話のプロセスに徹底的に身を委ねることで，クライエントに寄り添います。

　このようなコラボレイティヴの考え方は，クライエントこそがクライエントの専門家であるというスタンスにもとづきます。そしてこのような立ち位置は，コラボレイティヴを有名にした，「無知の姿勢（not-knowing）」という言葉に象徴的にあらわれています。コラボレイティヴによるこの「無知」という立場は，徹底しています。すなわち，熟練の支援者であっても，経験やすでにある知識にもとづいてクライエントを理解したり解釈しないようにします。

リフレクティング

　「リフレクティング（reflecting）」とは，ノルウェーの精神科医，トム・アンデルセン（Tom Andersen）により提唱されました[8]。リフレクティング・チーム，あるいはリフレクティング・プロセスとよばれることもあります。

　このアプローチを一言でいえば，クライエントと支援者，話し手と聴き手の視点を入れ替えることで，それぞれの新しいナラティヴを引き出すものです。

　これまでの専門的支援では，クライエントはマジックミラー越しの観察の対象とされてきました。このようなやり方は，きわめて一方向的で，権威的な行為といえるでしょう。アンデルセンは，このマジックミラー越しにおこなわれる，観察する，観察されるという関係を入れ替えました。つまり支援者は，初めて自分たちが観察されるという経験をします。また，

クライエントは，自分たちが支援者を観察するという経験をします。立場が入れ替わるわけです。

この経験はクライエントと支援者の双方にとって新鮮なものです。こうした立場の入れ替えを何度かすることで，両者の関係は一方向的なものから双方向的なものとなり，より対等な関係が成り立ちます。こうすることで，クライエントだけでなく，支援者も自分自身を客観的に見つめ直す（リフレクティング）機会を得るのです。こうしたやりとりのなかで引き出されるナラティヴは，固定的な支援関係を打ち破る可能性があります。

病いの語り
「病いの語り（illness narrative）」は，アーサー・クラインマン（Arthur Kleinman）やアーサー・フランク（Arthur W. Frank）などによる医療人類学，医療社会学の知見をあらわす言葉です[9]。通常，わたしたちは，なんらかの病気に罹ることで「病人」や「患者」になります。これが「たんなる風邪」であれば，それほど大きな問題になりません。薬を飲み，数日休めば，自然と「回復」します。

しかし，重い病気の場合は，そう簡単な「回復」は見込めません。完治する見込みのない難病や，糖尿病などの慢性疾患の場合，病いについて患者の視点から語ることはとても重要です。「病人」や「患者」は，病いに苦悩する一人の人間であり，誰かの夫や妻であるのです。医療者にとって，こうした「病いの語り」に耳を傾け，患者なりの意味を理解しようとすることは，臨床上とても大切なことといえるでしょう。

患者は病いを語ることで，なぜ自分がその病いに冒されてしまったのか，なぜ今，病いに罹らなければならなかったのか，この病いは，今後どのような経過をたどるのか，自分の生活にどのような影響を及ぼすのか，自分の人生はどのようになるのか，自分が死んだ場合，残された家族はどうなってしまうのか，ということを，自分の問題として考えることができるようになります。これまでの医療では，こうした患者の感情あふれる語

りは，治療の「雑音」とされることが少なくありませんでした。しかし，難病や慢性疾患の場合，医療者がこうした思いに耳を傾けることが重要なのです。

フランクは，このような立場から，「病いの語り」を，「回復の語り」，「混沌の語り」，「探求の語り」の三つに分類しています。このうち，「回復の語り」は，わたしたちの日常生活に深く染み込んだ，語りの類型といえるでしょう。わたしたちにとって，病気に罹り，治療を受ければ，必然的に「回復」が期待されます。これは患者だけではなく，周囲や，世間体としても期待されているものです。このような雰囲気のなかで「回復しない」ということは語りにくいことです。

しかし，難病や慢性疾患で，「回復」がむずかしい場合，この「回復の語り」は期待できません。「回復の語り」は，いずれ破綻してしまう物語のパターンです。しかし，多くの人が風邪薬のCMのように，この「回復の物語」を信じているのです。回復の見込みのない人にとって，「回復の語り」はとても暴力的な物語となります。

セルフヘルプ・グループ

同じ悩みや困難をかかえる人々がピア（仲間）という関係で支え合う場としてセルフヘルプ・グループ（自助グループ）があります。たとえばアルコール依存患者，難病患者，吃音，不登校，犯罪被害者，家族介護者などさまざまなグループが存在します。どのグループも，なかなか他人には理解してもらえない悩みをかかえている人々の場としてセルフヘルプ・グループがあります。

セルフヘルプ・グループでは，数名から十数名程度の人数で，同じ悩みを語り合います。同じ立場の人間だからこそ，お互いに寄り添った支え合いが可能となります。そこでは，高い技術と知識をもった専門家でも難しい支援が可能です。

近年では，このセルフヘルプ・グループをナラティヴ・アプローチの実

践としてとらえるようになっています[10]。語り合うことを通して，悩みを分かち合うことができるのです。

　しかし，同じセルフヘルプ・グループといっても，そこでの語り合いのあり方はさまざまです。専門家を排除して当事者だけでグループを作るところもあれば，専門家と連携しながらグループを作るところもあります。完全に匿名で参加するグループもあれば，本名，居住地も明かしたうえで参加するグループもあります。また，厳格なルールがあるところもあれば，まったくルールがなく，自由に語り合うところもあります。こうした違いは，当然，参加者の語りの内容に大きく影響を与えるといえるでしょう。

当事者研究
　近年，北海道の「浦河べてるの家」における統合失調症の患者への支援から生まれた，「当事者研究」とよばれるアプローチが注目を集めています[11]。

　このアプローチは，先ほどのセルフヘルプ・グループと似ていて，複数の人々によるグループワークとして展開されるアプローチですが，専門家と当事者がコラボレイションするのが特徴です。認知行動療法，心理教育などのアプローチとして位置づけられることもありますが，言語的なやりとりに注目するとナラティヴ・アプローチとして見ることもできます。

　当事者研究では，自分ではどうにもならない統合失調症患者が自らを「研究」対象にするというアプローチをおこないます。たとえば，自分を研究するなかで，自分の症状を，「幻聴さん」と名づけます。そうすることで，「幻聴」という「問題」を自分から切り離して眺めることが可能となります。そして，「幻聴さん」がどのようにして自分のところに来て，そのことに苦労している様子を参加者全員で共有します。このように自分から問題を切り離して眺めることで，「問題」への具体的な対処法のアイデアが浮上します。あるいは他の参加者から対処法のアドバイスをもらいます。

文字どおり「当事者」である患者自身を「研究」するわけです。こうした研究の過程や結果は，グループ参加者のみんなから承認されることで，リアリティを得ます。どうにもならない自分から，どうにか対処可能な自分に変化するのです。

ヒューマン・ライブラリー

　ヒューマン・ライブラリー（人間図書館）は，2000年にデンマークで始まった新しい支援的な試みです[12]。リビング・ライブラリー（生きている図書館）とよばれることもあります。

　このアプローチは，難病や性的マイノリティ，ひきこもり，薬物中毒患者など，障害をかかえている人々や社会的マイノリティとよばれる人々に対する偏見や差別の軽減を目指す取り組みです。

　このアプローチの特徴は，障害をかかえている人や社会的マイノリティとよばれている人を「本」に見立てて，読者（参加者）に貸し出す図書館というスタイルを採用します。そして，貸し出された本としてのクライエントは，個人あるいは複数の人々対して，自らの経験を語ります。読者は，膝をつきあわせて話すことで，自身の心の偏見に気づくことができます。また本となるクライエントも自分の物語（セルフ・ナラティヴ）を語ることで，自己を相対化して客観的に眺めることができます。

　このヒューマン・ライブラリーでは，本の「編集」も重要な作業になってきます。「本」としてできあがるまでに，どのような内容が詰まった本にするか，担当者による「編集」を通した方向づけがおこなわれます。

　このようにヒューマン・ライブラリーは，クライエントの「物語」への介入をおこなうという意味において，「ナラティヴ的」なアプローチといえるでしょう。

ナラティヴ・インタビュー

　ナラティヴ・アプローチは，以上見てきたように対人援助の方法論とし

て注目を集めていますが，一方では，調査研究の方法論としても注目されています。クライエントの物語，語り，声といったナラティヴは，クライエントの経験に接近する際の重要な質的データといえます。

　ナラティヴに注目した質的調査では，調査対象者の経験のリアリティに接近するために，質問項目をあらかじめ設定しておくのではなく，調査対象者に比較的自由に語ってもらいます。つまり，インタビューの主導権を調査者が握るのではなく，調査対象者に譲ることになります。そうすることで，よりリアリティのある質的データを得ることができます。

　ナラティヴを用いた調査方法としては，エピソード・インタビュー，ナラティヴ・インタビューなどの方法が提唱されています[13]。そして，このようなナラティヴ・データに依拠して実践をおこなう立場は，NBP（Narrative Based Practice）とよばれています。

　このナラティヴ・アプローチを用いた研究は，「質的研究」に分類されます。つまり，アンケートなどから得られた数値に置き換えられるデータの収集を目指す「量的研究」とは性質が異なります。そのため，数値化できない調査対象者の詳細な生活実態や心情にアプローチできるというアドバンテージ（利点）がある一方，データの収集方法（サンプリング）やデータの分析方法が，客観的であるかどうか疑わしいという批判がなされてきました。ナラティヴ・データを客観的に分析することは，今後の課題です。

3　ナラティヴ・アプローチに寄せられる疑問

ナラティヴ・アプローチは「傾聴の技法」なのか？

　このようにナラティヴ・アプローチは，医療，看護，心理療法，ソーシャルワークなどの対人援助領域を中心に注目を集める新しい考え方です。しかし，ナラティヴ・アプローチのソーシャルワークへの導入は，他の領域よりも進んでいないのが現状です。実際，ソーシャルワークにおいてナ

ラティヴ・アプローチを積極的に採用した実践報告は，数えるほどしかありません。また，理論的にも，ソーシャルワークにおけるナラティヴ・アプローチが十分に体系化されていないという問題もあります。

　ここでは，ソーシャルワークにナラティヴ・アプローチを導入していくうえでかかえている問題を整理しておきたいと思います。

　ソーシャルワーク領域の援助方法に言及するうえで無視できない概念として，有名な「バイスティックの7原則」があります。ここでいう7つの原則とは，①個別化，②意図的な感情表出，③統制された情緒的関与，④受容，⑤非審判的態度，⑥クライエントの自己決定，⑦秘密保持です。

　バイスティック（F. P. Biestek）は，アメリカのソーシャルワーカーで，1957年に『ケースワークの原則』（*The Casework Relationship*）を著し，「バイスティックの7原則」を提唱しました[14]。今から半世紀前の文字どおり「原則」ですが，今日のソーシャルワーク実践にもとても大きな影響力をもっています。

　ナラティヴ・アプローチは，当然バイスティックより後発になるわけですが，この原則の影響力の強さは，ナラティヴ・アプローチにとって有利に働いた側面と不利に働いた側面があるといえるでしょう。

　有利に働いた側面としては，バイスティックの提唱した原則のうち，たとえば，①個別化，④受容，⑤非審判的態度などに注目すれば，一見，ナラティヴ・アプローチは類似したものと受け止められます。たしかに，ナラティヴ・アプローチでも，クライエント個人の語りに注目し，あるがままのクライエントをそのまま受け入れる態度や，支援者サイドの見立てで，批判したり裁いたりしないという点は共通しています。このような類似性は，ナラティヴ・アプローチの普及に大きく貢献しました。日本のソーシャルワーク領域では，すでに十分すぎるほど浸透していたバイスティックの原則のお陰で，ナラティヴ・アプローチは受け入れられやすかったといえるでしょう。そのためか，社会福祉士養成のテキストでも2000年前半には採用されるようになっています。

しかし，日本のソーシャルワーク領域におけるナラティヴ・アプローチにとっては，不利に働くことにもなったのです。つまり「ナラティヴ」という言葉は，ソーシャルワークにおいても広く受容されたわけですが，問題はその「受容のされ方」なのです。バイスティックと類似のスタンスをとるナラティヴ・アプローチは，個別化や受容をするための「傾聴」とほぼ同義で受け止められたといえるでしょう。クライエントに寄り添う「態度」や「倫理」として受容されたといっても言いすぎではないでしょう。ナラティヴ・アプローチの正しい理解には，社会構成主義やポストモダン思想の理解が不可欠ですが，実践レベルでは，このような「難しい」ことは省略され，「クライエントの語りに耳を傾けましょう」というあまりにも単純な説明にとどまってしまうのです。

　そこには現場のソーシャルワーカーが，技法としてナラティヴ・アプローチを使いこなす，という視点はなかったといえるでしょう。

ナラティヴ・アプローチは「専門的ではない」のか？

　こうした受け止められ方もあって，ナラティヴ・アプローチには，専門職が身につける技法というよりも，非専門職が用いる技法というニュアンスが埋め込まれています。たとえば，近年，注目を集める傾聴ボランティアなどの非専門職が用いる技法という受け止められ方や，セルフヘルプ・グループなどにおける当事者同士の支え合い（ピア・サポート）の技法という受け止められ方をされることもあります。このような事情から，ナラティヴ・アプローチは，専門職が用いる専門的な技法とは受け止められてきませんでした。

　日本では，1987（昭和62）年に社会福祉士が国家資格化されました。また，1997（平成9）年に精神保健福祉士が国家資格化されました。このような中で求められたのは，ソーシャルワークの「専門性」の向上です。この傾向がさらに強調されたのは，2007（平成19）年の社会福祉士法改正です。福祉問題が高度化，多様化するなか，ソーシャルワークの「専門性」

はいっそう強化されるようになったのです[15]。

　しかし，このようなソーシャルワークを取り巻く時代背景は，残念ながら，ナラティヴ・アプローチが日本のソーシャルワーク実践に用いられることを遅らせ，またその定着を阻害する要因になっていると考えられます。

　すでに述べたように，ナラティヴ・アプローチは社会構成主義に立脚した方法論です。社会構成主義は，「専門性」という考え方自体に疑いの目を向けます。すなわち，「専門性」は，「誰のためのものか」という問い直しをおこないます。常識的には，専門性はクライエントを支援するうえで必要な知識や技術のことを指します。しかし社会構成主義では，じつはそのような「専門性」によってクライエントは苦しめられているのではないか，という立場をとります。

　「エンパワメント」と称しながら，クライエントの力を削ぐようにかかわり，また，「自己決定」と称しながら，クライエントに決定を押しつけているのではないか，と見ます。さらにいえば，「支援」という行為それ自体にも疑いの目を向けます。クライエントのために「専門性」が必要なのではなく，クライエントへの「支援」を正当化するために「専門性」が必要なのではないかというものです。社会構成主義は，このように常識的な「専門性」という考え方から距離をとるのです[16]。

　ナラティヴ・アプローチは，このような社会構成主義を理論的な背景にもつため，従来的な専門性を否定します。そのため，非専門的なアプローチという受け止められ方をされます。

　このような背景を踏まえつつ，ソーシャルワークとしてのナラティヴ・アプローチを考えるうえでは，ナラティヴ・アプローチを専門性の低いアプローチとして位置づけるのではなく，専門職が駆使する技法として位置づけることが必要といえるでしょう。

ナラティヴ・アプローチは「科学的ではない」のか？

　ソーシャルワークの領域においてナラティヴ・アプローチが紹介される

際には,"NBP vs. EBP"という対比がよく使われます。NBPとは「ナラティヴにもとづいた実践」,EBPは「エヴィデンスにもとづいた実践」です。そして,EBPにおける「エヴィデンス」とは,「科学的な根拠」を意味します。すなわち,「ナラティヴ」は,「科学的な根拠」と対比的に扱われているのです[17]。

　ソーシャルワークにかぎらず多くの対人援助領域では,科学的な根拠としてのエヴィデンスが求められています。たとえば,「エヴィデンスがない実践」というのは,無意味な実践,あるいは曖昧な実践と同様という受け止められ方をしています。また逆に「エヴィデンスがある実践」は,科学的に意味のある実践,きちんとした実践という受け止められ方をしています。このようなエヴィデンスの強調は,対人援助実践の科学化に必要な考え方といえます。さらにいえば,医療保険で点数を取るためには,エヴィデンス(科学的な根拠)がない実践は根拠を示しにくく,エヴィデンスには行政上の理由づけという要素も含まれています。

　ナラティヴ・アプローチは,「ナラティヴにもとづいた実践」として,このようなエヴィデンスと対比的に位置づけられることが多くあります。たとえば,「Aさんのアプローチにはエヴィデンスはないけど,ナラティヴにもとづいた実践ですね」と肯定的に使われることもあります。この場合は,クライエントの想いに寄り添うことができた良い実践という意味が込められています。一方,「Aさんのアプローチは,ナラティヴにもとづいているけど,エヴィデンスがないですね」と否定的に使われることもあります。この場合は,クライエントに寄り添ってはいるけど,エヴィデンスのない実践だというニュアンスが含まれています。いずれにしても,ナラティヴは,「非科学的」なものとして受け止められる傾向があります。

　このことは,先ほど述べたように,ソーシャルワークの領域で,ナラティヴ・アプローチが倫理的態度として受け止められたり,非専門的なアプローチとして受け止められたりしていることと無関係ではありません。

　ナラティヴ・アプローチが科学的かどうかという説明を簡単にすること

はできませんが，ここで確認しておく必要があるのは，NBPとEBPは必ずしも対立関係にはないということです。数値化できるエヴィデンスにもとづいた実践だからといって科学的ではありませんし，数値化できないナラティヴにもとづいた実践だからといって非科学的というわけでもありません。さらに近年では，ナラティヴを数値化したデータに置き換えた分析も可能になっているので，事情は複雑です。

ナラティヴ・アプローチは「社会的ではない」のか？

このように，ソーシャルワークの領域においてナラティヴ・アプローチは，傾聴の技法や，非専門的・非科学的な技法として受け止められる傾向があります。これは精神医学，心理療法などのソーシャルワーク以外の他の対人援助領域においてもほぼ共通する傾向であり，共有されている見方といえるでしょう。

しかし，ソーシャルワークとしてナラティヴ・アプローチを位置づける際には，独自の重要な問題が生じます。それは，ナラティヴ・アプローチは，"セラピューティック（心理療法的）"な方法として位置づけられているということです。ナラティヴ・アプローチは，あくまでも心理療法や家族療法において用いられる技法という理解が一般的なため，「社会的」であることを標榜するソーシャルワークにおいてナラティヴ・アプローチが用いられる際は，あくまでも間接的，補助的なものと位置づけられたといえるでしょう。このことはソーシャルワークの領域において，十分なナラティヴ・アプローチの浸透が図られていないことの大きな原因であったといえるでしょう。

もちろん，ナラティヴ・アプローチの出自は，心理療法，家族療法です。クライエントの「語り」に注目し，言語的な介入をおこなうナラティヴ・セラピーが「心理的」であることに異論を差しはさむ余地はありません。心理系の学会ではナラティヴをキーワードとした特集が組まれるなど[18]，ナラティヴ・アプローチは市民権を得たように思われますが，社会

福祉系の学会では十分に普及していません。このことからもナラティヴ・アプローチは「心理的」な方法であると言わざるをえないでしょう。

しかし，ナラティヴ・セラピーの創始者であるホワイトもエプストンも，もともとはソーシャルワーカーでした。また，ナラティヴ・セラピーは，個人を対象にしたセラピーではなく，家族という集団を対象としたセラピーとして開発されました。クライエントの「語り」に注目して，言語的に介入するという点は，たしかに「心理的」であるわけですが，それ以外の部分においては，ソーシャルワークと親和性の高い「社会的」なかかわりを必要とするプロセスもいくつかあります。

この本では，ソーシャルワークにおけるナラティヴ・アプローチの可能性を追求し，ナラティブ・アプローチの「社会的」な部分に注目したいと思います。このことは，ナラティヴ・アプローチが「心理的」であることを否定するものではありません。しかし，「社会的」な部分に注目することは，ナラティヴ・アプローチを対人援助の方法論としてより有用なものとして再定義することになると考えています。

ナラティヴ・アプローチは「役に立たない」のか？

ナラティヴ・アプローチに対する一般的な評価としてまずあげられるのは，「難しい」，「わかりにくい」というものでしょう。わたしも大学でのソーシャルワークの授業や実務者向けの研修などでナラティヴ・アプローチを説明する機会がありますが，そのたびに，このアプローチが難解であることを思い知らされます。

ナラティヴ・アプローチを難解なものにしている最大の原因は，その基本的考え方である社会構成主義にあるといえるでしょう。すでに述べたように社会構成主義は，わたしたちが日常生活を支える「常識」からは距離をとった考え方をします。むしろその常識を疑う視点を大切にします。このような視点は，世間的な「常識」にとらわれた，深い困難から抜け出せないでいる人々を救うためになくてはならないものです。ですから，ナラ

ティヴ・アプローチを，たとえば「語りに注目したアプローチ」というふうに「わかりやすく」説明するのでは不十分といえます。

　ナラティヴ・アプローチについて学んだ人や，自らの実践に取り込もうとする支援者からは，つぎのような言葉を聞くことがしばしばあります。それは，「面白いけど，役に立たない」というものです。ここで「面白い」というのは，ナラティヴ・アプローチがもっている社会構成主義的な視点に対して向けられています。社会構成主義は，現状に対して批判的な立場をとるため，非常に刺激的であり，切れ味が鋭く，たしかに「面白い」といえるでしょう。問題は，後半の「役に立たない」という部分です。

　ここでいう「役に立たない」とは，難しすぎて使いこなせないという意味でありません。「面白いけど，役に立たない」といった場合の「役に立たない」とは，利用者が困難をかかえ，わたしたちが支援をおこなう現実の社会は，ポストモダン（脱近代）の考え方がほとんど通用しないほど"近代的"であることに由来します。支援者が，いくらポストモダン的な観点から言語的な介入をおこない，クライエントの物語の書き換えを成功させたとしても，面接が終わって支援者が去ったあと，クライエントには，また過酷な日常生活が待ち受けています。いくら面接がうまくいったとしても，いくらでもクライエントは，元の悪い状態に引き戻されてしまいます。

　ナラティヴ・アプローチについて学習が進めば進むほどこうした感想をもつ人は多いでしょう。これは対人援助の方法としてナラティヴ・アプローチが本質的にかかえる重要な問題です。しかし，この本ではこの問題を克服することは可能であると考えています。それはさきほど確認した「社会的」な視点です。それは言葉をかえれば，「ソーシャルワークの視点」ということができるでしょう。

4 ナラティヴ・ソーシャルワークの可能性

ソーシャルワークにおけるナラティヴ・アプローチの位置

　以上見てきたように，ソーシャルワークの領域は，ナラティヴ・アプローチが十分に根づいていません。このような現状を踏まえて，ソーシャルワークにおけるナラティヴ・アプローチの可能性，つまり「ナラティヴ・ソーシャルワーク」の可能性を論じる必要があると考えています。

　ソーシャルワークでは，これまでもさまざまな「アプローチ」が導入されてきました。たとえば，社会福祉士国家試験の出題基準としては，心理社会的アプローチ，機能的アプローチ，問題解決アプローチ，課題中心アプローチ，危機介入アプローチ，行動変容アプローチ，エンパワメントアプローチの7つが示されています[19]。ナラティヴ・アプローチは例示されていませんが，社会福祉士養成のテキストでは，これら7つのアプローチのほかに，ナラティヴ・アプローチを含めた新しいアプローチが追加されているものが多くなっています。ソーシャルワークのさまざまな理論をまとめたターナー（Francis J. Turner）や久保・副田の著作では，新しいアプローチの一つとしてナラティヴ・アプローチが位置づけられています[20]。

　ほかのアプローチと比較した際のナラティヴ・アプローチのソーシャルワークに対する貢献は，面接場面における言語的介入の重要性を指摘した点にあるといえます。このことについて，家族支援を例に見ていきたいと思います。

　通常，ソーシャルワークにおける介入は，クライエントとそのクライエントを取り巻く社会環境の接点に対する介入を意味します。たとえば，家族の人間関係（システム）に直接的に介入することで，その不均衡を是正することが目指されてきました。しかし，ナラティヴ・アプローチは，家族の人間関係に直接介入するのではなく，言語を用いて間接的に介入しま

す。クライエントによって語られる自己の物語や家族の物語に注目し，その語られる物語に対して言語を用いて理論的な介入をおこなうのです。こうした介入のあり方は，家族に対して負のラベルを貼ることなく，結果としてクライエントを力づけることにつながります。そして，実態としての家族関係にもより良い方向の変化を加えるのです。

ソーシャルワークにおけるナラティヴ・アプローチの貢献

このようにナラティヴ・アプローチは支援技法としてソーシャルワークに貢献しました。しかし，ナラティヴ・アプローチのソーシャルワークへの貢献は支援技法にとどまるものではありません。支援技法以上の貢献は，支援者とクライエントの関係性に対して反省的な視点をもたらしたことでしょう。

ポストモダン理論に立脚するナラティヴ・アプローチは，ソーシャルワークにおける支援が，クライエントのためになっていない危険性をあぶり出します。それどころか，クライエントが支援を通じて，傷つき，力を奪われ，絶望する危険があることにあえて光を当てます。このようなナラティヴ・アプローチは，「専門職」である支援者が有する"権力"に注目します。さらにいえば，支援者の背後にある組織や制度，社会常識，規範などの影響力に注目します。そのような複雑に絡み合う権力関係を可視化することで，クライエントに生きていく力を呼び戻すよう働きかけるのです。先ほどの物語に言語を用いて理論的に介入するという技法も，このようなところに配慮するために必要とされるものなのです。

このように見てくると，ソーシャルワーク領域におけるナラティヴ・アプローチの貢献として，①「物語への言語的介入」という技法をもたらしたことと，②「支援関係の問い直し」という視点を導入したことの2点をあげることができます。このような特徴をもつナラティヴ・アプローチがソーシャルワークにおける貢献度は大きいでしょう。

とくに現代社会は複雑化，多様化しており，ソーシャルワークにおける

理論と実践の統合，あるいは科学的根拠にもとづいた実践の体系化は重要な課題です。ソーシャルワークの立場からナラティヴ・アプローチの可能性を論じることは，その一助になると考えています。

　またこの本では，ナラティヴ・アプローチをソーシャルワークの実践に「援用」するだけではなく，「ソーシャルワークならではのナラティヴ・アプローチ」の可能性についても追求していきたいと思います。ソーシャルワークの視点からナラティヴ・アプローチを再定義することで，新たなナラティヴ・アプローチの可能性も開けるように感じています。この本のタイトルとして採用した「ナラティヴ・ソーシャルワーク」という表現には，このような挑戦的な思いが込められています[21]。

　なお，この本では「ナラティヴ・ソーシャルワーク」の可能性を見ていくうえで，抽象的，理論的な検討をおこなうことよりも，「実践」にもとづいた具体的な検討をおこなうことを優先したいと思います。

II

困難事例を支援する

｜1｜　誰のための支援か？

「支援」を問い直す

　ソーシャルワークによる「支援」は，誰のためにおこなわれているのでしょうか。教科書的にいえば，それはなんらかの困難をかかえたクライエントのためにおこなわれているはずです。支援者は，クライエントと信頼関係を築き，クライエントのニーズを明らかにし，そのニーズをもとに支援計画を立て，そして支援を実行に移していくことになります。自力では克服できない困難をかかえているクライエントに対して，専門的な知識や技術をもったソーシャルワーカーが手を差し伸べることが「支援」とよばれています。

　当たり前のことですが，このような「支援」は，クライエントの利益につながると考えられています。つまり，クライエントは「支援」を受けることで，困難を克服する糸口を見出し，自立への一歩を踏み出すことになります。もちろん，一口に「支援」といっても，その効果には幅があります。高い効果を発揮し，クライエントが活力を取り戻し，自立することもあれば，長い期間支援を継続しても何も状況が改善しない場合もあるでしょう。ですが，いずれの場合も，「支援」が目指しているのはクライエントの利益です。つまり「支援」には，「クライエントのため」という「善意」が"密輸入"されているのです。

　しかし，この「支援はクライエントのためにおこなわれる」というあまりにも当たり前の言い方は，「支援」の初歩的な説明にすぎません。表面上は，「善意」にもとづいた「支援」であったとしても，実際は，クライエントの利益にならないケースは少なくないのです。たとえば，わたしたちには，意図せずクライエントを傷つけてしまうことがあるでしょう。

　このことは，クライエントの生の声として，しばしば語られます。たと

えば,「あの担当者にひどい目にあわされた。わたしが何か悪いことをしたのでしょうか」,「ほんとに悲しいです。誰もわかってくれない」など,「支援」によってクライエントが傷つけられたことを訴える声は多く聞かれます。このような声は,クレームとして担当者の耳に入ることはあまりなく,多くの場合はクライエントの内なる不満として蓄積されていきます。

そして,この「善意」にもとづいた「支援」は,さらに複雑な問題をかかえています。それは,「クライエントのための支援」が,じつは「支援者のための支援」という一人よがりなものになる危険があるということです。つまり,困難をかかえたクライエントのために,支援者が「支援」をおこなうというのが一般的な「支援」の理解ですが,じつは支援者のために「支援」がおこなわれているような介入も見られるのです。

たとえば,「クライエントの自己決定を支援する」といったとき,その自己決定がクライエントによってなされたものではなく,支援者によって押しつけられたものである可能性は否定できません。また,「クライエントをエンパワメントする」と言いながら,じつはクライエントから力を奪い,なぜか支援者がエンパワーされるということもあるのです。

このような「支援」に対する理解の仕方は,一般的なソーシャルワークの説明からは大きく乖離します。また,支援者であれば心情的にも,職業倫理的にもなかなか受け入れられるものではないかもしれません。そこでこの本では,「善意」を前提とした一般的な支援論から距離をとり,あえて「支援」の負の側面に注目することで,「支援」を根本から問い直したいと思います。

「クライエントのための支援」は可能か？

「善意」にもとづいた「支援」にはいくつかの危険性が潜んでいます。「支援」は,表向きは「クライエントのため」に計画され実行に移されますが,じつはクライエントを傷つけてしまう危険があります。また,「クライエントのため」と称して,じつは支援者のための支援がおこなわれてい

ることは少なくありません。

　このような「支援」の負の側面は，現場で支援をおこなっている当事者であるわたしたちソーシャルワーカーには，見えにくいものです。実際，クライエントを傷つけようとして支援をおこなっているソーシャルワーカーはいません。多くのソーシャルワーカーは，クライエントの利益になるように「支援」をしているはずです。経験が浅く十分な支援技術が身についていないソーシャルワーカーであっても，クライエントに寄り添い，クライエントの希望を叶えるように支援を展開しようと努力するでしょう。現代社会における「支援」は，原則として「善意」にもとづいているのです。しかし，そのような「善意」に覆われることで，「支援」の負の側面は見えにくくなってしまうのです。

　この本では，「支援」に含まれる道徳的な「善意」から距離をとることで，支援の複雑さに正面から向き合いたいと思います。このようなスタンスは，一見，「非福祉的」な印象を与えるかもしれませんが，「支援」を根本から問い直し，より良い「支援」のあり方を模索するうえで避けては通れないものといえるでしょう。

　「支援」の負の側面に注目するためにまず必要なのは，支援に介在する"権力"の作用を読み解く必要があります。つまり，専門職がクライエントを支援するという行為に潜む力学を解明することが求められるのです。ここでは，議論をわかりやすくするために，専門職とクライエントの二者間のシンプルな関係で説明しましょう。

　専門職が，クライエントに対して，「支援」をおこなおうとするとき，そこには必ず「権力」が介在します。「権力」とは，誰かに何かを強制する力を意味しますが，ここでは，専門職が「支援」のプロセスにクライエントを従わせることを指します。この「権力」は，専門職が強制力を働かせないようにどれだけ注意深くかかわったとしても，意図せず働きます。「支援」には「権力」が抜きがたく含まれるのです。

　もちろんソーシャルワークにおいて，支援関係は平等，対等であること

が望ましいと考えられます。バイスティックの7原則のなかにも,「受容」,「非審判的態度」といったクライエントとかかわるうえでの原則が盛り込まれています。そこでは,支援者は強制力をもって被支援者(クライエント)に言うことを聞かせようとはしませんし,良識ある支援者は,そもそもそんなことをしようとは考えません。

しかし,専門職による「支援」には意図せずそのような権力が介在してしまうのです。専門職による「支援」には,「支援」を正当化する制度的な裏づけがあります。また専門職は,「支援」に必要な豊富な知識(情報)も有しています。それにくらべて,クライエントは,あまりに無力です。専門職とクライエントの関係は非対称的なのです。

たとえば,ソーシャルワーカーである支援者Xさんと,認知症患者を在宅で介護し,社会的にも孤立しているクライエントYさんを例にとって考えてみましょう。支援者Xさんは,支援者ではありますがとても平等意識の強いソーシャルワーカーです。Yさんに支援をおこなう際も権威的に振る舞うことはせず,対等な関係で支援をおこなおうとします。Yさんの話に耳を傾け,Yさんの希望を取り入れた支援計画をつくり,Yさんに寄り添った「支援」を展開しようとします。Xさんはとても「優しい」支援者といえるでしょう。

しかし,このようなXさんのYさんに対する支援であっても,その支援関係には権力の優劣が生じます。Xさんが「支援」を提供する専門職であり,Yさんが「支援」を受けるクライエントであるかぎり,そこにはピア(対等,仲間)な関係を想定することはとても難しいのです。だからこそ,わたしたち専門職は,バイスティックの7原則や倫理綱領などの行動規範により,この権力をコントロールすることが求められているのです。

ここでいう力の優劣は,支援プロセスのいたるところに認めることができます。たとえば,「支援の対象であるかどうか」を決めるのは,クライエントのYさんではなく,支援者であるXさんです。「認知症患者を在宅で老々介護しており介護が困難化する危険が高い」,「孤立傾向にあるのでこ

のままだと虐待の危険がある」という支援者の「専門的」な判断により，Yさんは支援の対象者となります。そして，専門職により「外部サービスの利用による介護負担軽減」，「地域住民による見守り」，「専門職による定期的な訪問」という支援計画が立てられ，実行に移されます。

　もちろん，現代のソーシャルワークでは，このような支援のプロセスには，認知症患者，家族の意思が反映されなければなりません。Yさんは，支援内容の変更を訴えたり，支援を拒否したり，担当者の変更を申し出ることも制度的には可能です。しかし，すでに述べたような権力関係の不均衡のなかでは，こうした意見を十分に反映させることは容易ではありません。クライエントは，専門職を前にして，自分の希望を主張することは簡単ではありません。

　ここでは，「クライエントのため」の支援を目指すことが無意味だということを言おうとしているわけではありません。クライエントに寄り添う，声なき声に耳を傾けるなどの努力により，より良い支援関係を構築し，クライエントの利益を追求することは重要なことです。しかし，注意しなければならないのは，そのような支援をおこなうことは簡単ではないということです。わたしたち現代のソーシャルワーカーに求められているのは，まず「善意」のベールを剥がすことで「支援」を根本から問い直し，支援関係に潜む権力の作用に自覚的になることといえるでしょう。

「困難事例」を支援することの難しさ

　このように支援を提供する側（支援者）と支援を受ける側（クライエント）には力の差があります。言い換えれば，専門職による「支援」とは権力を行使することなのです。「クライエントのための支援」をおこなうためにわたしたち支援者は，こうした支援関係における権力の作用に自覚的になる必要があります。

　通常の支援の現場では，こうした「支援」の権力性が意識されることはありません。たとえば，介護保険制度におけるケアマネジメントにおいて

も，クライエント（利用者）の介護サービスの調整を普通におこなっている場面では，支援の権力性はあまり大きな問題になりません。つまり，クライエントが専門職による通常の支援に従っているうちは，こうした権力性は表面化しないのです。

しかし，嫌でもこうした権力性を意識しなければならない場面があります。それは，クライエントが，専門職による支援に従ってくれない場合です。

たとえば，クライエントが支援に対してあまり乗ってくれず消極的な場合や，支援に対して拒否的な場合です。支援に対して消極的なクライエントは，「○○したほうがいいですよ」という支援者の専門的なアドバイスをなかなか受け入れてくれません。表面上は，「はい，わかりました。やってみます」と言っても，実行に移してもらえない場合があります。また，支援に対して拒否的なクライエントは，支援を受けること自体を拒否します。専門的見地から明らかに支援が必要であっても，「必要ない」と支援を拒否されてしまう場合があります。

このような「支援」に協力的でないクライエントは，ソーシャルワーカーにとって大きな負担となります。一方では，立場上，「支援」をおこなわなければいけないわけですが，現実問題としてクライエントが協力的でないと「支援」はうまくいきません。現場のソーシャルワーカーは大きなジレンマに陥るわけです。

このような場合，専門職は，決定的な切札をもっています。それは，そのような非協力的なクライエントに対して，「困難事例」というラベルを貼ることです。たとえば，「Aさんは困難事例。これ以上の支援は難しいと思います」と言って，専門職は，支援がうまくいかないことを正当化することが可能です。またさらなる支援の中断をも正当化できるのです。そして，「支援がうまくいかない」という専門職にとっては受け入れがたい現実に対して心理的防衛を図り，安全地帯に逃れることができるのです。困難事例というラベルを貼ることで，専門職は支援の責任を回避しようと

します。しかし，この切札を使うことで，支援に馴染まないクライエントを「支援」の範囲から除外することにつながることを自覚する必要があるでしょう。

　「困難事例」は，専門職のケースカンファレンスでよく聞かれる言葉でもあります。複数の専門職で，支援が難しいクライエント，つまり通常の支援が馴染まないクライエントに対して「困難事例」というラベルを貼り，対応策を協議します。複数の専門職が連携を図り，知恵を絞ることで何か良いアイデアが出るかもしれません。しかし，この本では，その集団が困難事例というラベルを貼るプロセスに注目したいと思います。複数の専門職が「困難事例」という負のラベルを貼るという行為は，必ずしも支援的とはいえません。

　しかし，だからといって，「困難事例」というラベルを用いる専門職を一方的に非難することはできません。専門職は，少ない人員配置のなかで多くのケースをかかえており，とても忙しくしています。そうした中，一つのケースに長い時間をかけることが難しいという事情もあるでしょう。

　また，そもそも，「困難事例」への支援は，文字どおり「困難」であり，簡単ではありません。そのため，当然，困難事例への支援は通常の支援方法ではうまくいきません。困難事例への支援方法を知らない場合，困難事例を前にして立ち往生してしまうこともあるでしょう。

　わたしは，この「困難事例」への支援方法として，ナラティヴ・アプローチが有効であると考えています。ナラティヴ・アプローチを用いることで，どのような支援が可能なのか，他のアプローチとはどのような違いがあるのか，限界があるとすればそれはなんなのかについて，具体的に検討したいと思います。

2 無知の姿勢をとり，問題を外在化する

事例の概要

　ここでは，「困難事例」へのソーシャルワーク的支援に，ナラティヴ・アプローチがどのくらい適応可能かということについて，事例をもとに見ていきたと思います[22]。なお，ここで取り上げるナラティヴ・アプローチは，ホワイト＆エプストンの「ナラティヴ・セラピー」を中心としながらも，それ以外のナラティヴ的なアプローチに学んでいます。まず事例の概要を確認したいと思います。

　クライエントはＡさん（女性，介入時70歳代）です。Ａさんの夫（介入時80歳代）は，5年ほど前から認知症を患い，Ａさんが在宅で介護をおこなっていました。Ａさんの夫は，徘徊がひどく，他人の家の敷地に勝手に入ったり，クルマで出かけて帰れなくなって警察に保護され，パトカーで送り届けてもらうこともありました。その後，夫は，認知症の症状が進行したため，半年ほどまえに近隣の老人保健施設に入所しました。

　夫の入所後，Ａさんは自宅で一人暮らしをしていましたが，今度はＡさん自身に軽度の認知症の症状が見られるようになりました。主な症状は，物忘れ，被害妄想，作話です。しかし，Ａさんは，訪問介護（ホームヘルプ）などの介護サービスを一切受けようとしません。またケアマネージャーや民生委員の訪問も拒否しています。このような中，Ａさんが火の不始末からボヤ騒ぎを起こしたことで，住民から「心配なのでなんとかしてほしい」という要望があがりました。そこで地域包括支援センターに社会福祉士として非常勤で勤務しているわたしが，介護認定の更新のための訪問調査でＡさんの自宅を訪問しました。

無知の姿勢

　Aさんは，ケアマネージャーや民生委員の訪問については拒否していましたが，「国で定められた調査」である訪問調査については，スムーズに応じてくれました。簡単な挨拶の後，居間に通されたわたしは，まず部屋が必要以上にきれいに掃除され，家具なども整然と並んでいる様子を目の当たりにしました。コタツテーブルに汚れはなく，座布団の向き，四隅にある糸の房まできれいにそろえられていたのです。

　そこでわたしは，Aさんに対し，つぎのように語りかけました。

　　筆者——家の中を，おきれいにされているんですね。こんなにきれいにされているお宅はあまりないと思います。座布団の四隅の房まできちんとされているなんて凄いです。少し驚きました。

　この語りかけは，初回面接の冒頭のコミュニケーションとしては，率直すぎたかもしれません。たしかに，面接の導入の会話としては，「今日は暑いですね」，「今日はあいにくの雨ですね」などの天気の話題から入るほうが無難といえるでしょう。しかしここでは，より突っ込んだ「部屋がきれい」ということを話題にし，「少し驚いた」という支援者の感情まで言葉にして伝えています。

　この語りかけには，クライエントに対する支援者側の先入観，偏見を解きほぐす目的がありました。わたしは，お世辞や社交辞令として「部屋がきれい」と言ったわけではありません。「部屋がきれい」という発見に驚いた自分の感情をクライエントに伝え，そのことについてクライエントと共に問い直す意図がありました。そのため，あえてリスクをとり，クライエントにこの話題を投げかけたのです。

　こうしたクライエントに対する支援者側の「少し驚いた」というような感情を大切にすることは，ナラティヴ・アプローチで支援をおこなううえでとても大切なことです。わたしは，「介護サービスを拒否している困難

事例のクライエントであるAさん」という限られた情報から，「Aさんの家は散らかっている」という偏見，先入観を知らず知らずのうちにもっていたことに気づかされました。それは，「きっとAさんの家は散らかっているんだろうな」というような自覚しているものではなく，もっと潜在的で無自覚なものです。わたしが，「少し驚いた」のは，部屋があまりにもきれいだから「少し驚いた」ということもありますが，さらにいえば，わたし自身の隠れた偏見，先入観とのズレに気づき「少し驚いた」のです。

　このような無自覚な先入観は，支援の方向性を知らず知らずのうちに歪めるため，とても厄介なものです。そのためナラティヴ・アプローチでは，クライエントに対する支援者の思い込みや先入観を，可能なかぎり排除していくことが重要になります。そこで求められる方法は，クライエントの予想していなかった例外的な特徴に注意を払うことです。こうした例外に注目することは，支援者自身の思い込みや偏見をあぶり出し，そこから解放された自由な視点で，クライエントを深く理解することにつながります。

　また，この「部屋がきれい」であるということをわたしが理解し，そのことに「少し驚いた」ということをAさんに伝えることは，重要なメッセージになっていると考えられます。Aさんは，部屋をとてもきれいにする「きちんとした人」です。しかしこのことは，わたしがAさんの自宅を訪問するまで知ることのできなかったAさんの「新たな物語」です。

　わたしは，周囲からもAさんが「困難事例」であり，「変わり者」だということを聞いていました。そして，Aさんが「きちんとした人」であることを知りませんでした。しかし，Aさんの第一印象は，閉じこもりがちな「変わり者」ではなく，部屋をきれいにする「きちんとした人」だったのです。このようなAさんの新たな物語の可能性に接した率直な感想を，Aさんに伝えることは，その後の面接を進展させる効果があったといえるでしょう。

　このような，わたしの語りかけに対してAさんはつぎのように応えてい

ます。

> Aさん——けっこうちゃんとしているでしょ。昔から几帳面なんです。この地域の人は，あまり家をきれいにしないけど，わたしはきれいじゃないとだめなんです。

　このAさんの応答は，短いものですが，いくつか重要な情報が含まれています。
　まずは，Aさん自身は，几帳面であることを自覚し，肯定的な特徴として受け止めているということです。これは在宅介護をする家族としてとても重要な意味をもちます。在宅介護は，家族にとって大きな負担です。とくに認知症となった夫の介護は精神的な負担も小さくありません。几帳面なAさんは，献身的に介護して苦労されたことが推察されます。
　またAさんは，「この地域の人」と対比的に，きれい好きな自己の物語を語っています。ここには，Aさんは地域住民との関係が必ずしも良好ではないことが示唆されています。

物語に揺さぶりをかける
　このようなAさんとの面接の冒頭のやりとりは，Aさんとの会話の糸口となり，その後の面接はスムーズに展開していくことになります。Aさんは，介護サービスを受けることを拒否するいわゆる「困難事例」ですが，なぜ介護サービスを拒否するに至ったのか，その背景にはAさんなりの物語があります。Aさんは，自分の不満をわたしに対して，唐突ですが分厚く語りはじめました。

> Aさん——まったくひどいです。地域ぐるみになって，わたしたち家族を除け者にしようとする。まるで犯罪者あつかい。（中略）夫が徘徊して，近所の家の敷地に入ったことがあったんです。人

の敷地に入るのはたしかに悪いことですが,「何してんだ」って怒鳴りこんできた。そしたら「ちゃんと見張っておけ」って。わたしが「ごめんなさい。つい目を離した隙に」と言ったら,「縛りつけておけばいい」って言われた。「今度は警察に通報するぞ」って。24時間,目を離さないようにしている。でもそんなことできない。ほんとうにこの地域の人は,まったく理解がない。嫌いです。

ここでクライエントは,「地域が嫌い」というストーリーを語っています。ナラティヴ・アプローチでは,このようなクライエントが語るストーリーについて,共感的に受け止めつつも,語られた内容を,整理するようにかかわります。たとえばこの場合,わたしはつぎのように応答しています。

　　筆者——ずいぶんひどいことを言われたんですね。もう少しくわしく
　　　　　教えてほしいのですが,いつ頃から徘徊が始まったのですか。
　　　　　（中略）ほかにどんなことがあったのですか。

このようなわたしの語りかけに対してクライエントは,記憶をたどりながら思い出すように語りはじめました。

　　Aさん——最初は,2年前の…（中略,徘徊が始まった経緯についての
　　　　　　語り）。ほかにもいろいろあって…（中略,徘徊の結果,警察で保
　　　　　　護されたことについての語り）。

こうしたAさんの語りを受けわたしは,つぎのようにAさんの物語を短い言葉で整理してAさんに伝え,つぎのようなやりとりをおこないました。

筆者——ご主人が認知症になっていろいろと大変だった。そのこと
　　　　で，いろいろと誤解もされた。
　　Ａさん——そうです。誰もわかってくれなかった。
　　筆者——でも，一人で頑張って介護をされた。ご主人の症状が進んで
　　　　も頑張って介護された。
　　Ａさん——そう，一人で頑張った。そして大変になった。

　Ａさんは地域の人が無理解であるにもかかわらず，夫の介護を在宅で頑張りました。わたしはそのようなＡさんの経験を労いつつ，Ａさんの介護の経験を整理するように言葉を返しました。Ａさんの介護経験が困難化した根底には，地域の人の認知症介護への無理解があったといえるでしょう。
　このような支援者によるＡさんの物語の整理により，Ａさんの「地域が嫌い」というストーリーが，Ａさんの「一人で頑張った」という介護経験にもとづいていることがわかりました。このことは支援者がＡさんを理解するプロセスとして重要なわけですが，Ａさんが自分自身の物語を見つめ直すうえでも有効であったといえるでしょう。当初，Ａさんは，「地域が嫌い」ということに対して感情的な憤りを示したわけですが，この段階では，Ａさんは，「なぜ地域が嫌いになったか」ということを冷静に見ることができるようになっていました。

物語を外在化する
　Ａさんは当初，「地域が嫌い」ということに強くこだわっていました。しかし，この「地域が嫌い」という感情を冷静に見つめることができるようになると，別のストーリーを語る余地がＡさんに生まれます。わたしは，地域住民とのトラブルの話ではなく，その根っこにある，夫への介護について質問をおこないました。
　そもそも，Ａさんの介護の経験には，確認しなければならない不思議な点があります。Ａさんの夫の症状はかなり重いものです。常識的に考えれ

ば施設入所してもおかしくない状態だったといえるでしょう。Aさんは金銭的にも困窮しているわけではありません。それにもかかわらず，Aさんは限界まで在宅介護にこだわりつづけたのです。

　このような常識的な理解や合理的判断が及ばない領域を明らかにすることは，ナラティヴ・アプローチでは重要な点です。わたしは，つぎのように質問しました。

　　筆者――ご主人の介護の状態がかなり悪くなっていたと思います。自宅で介護するのは大変だったのではないでしょうか。それにもかかわらず自宅で介護されたのはどのような理由からでしょうか。

このようなわたしの質問に，Aさんは端的に答えてくれました。

　　Aさん――それは自分できちんと面倒をみたかったからよ。ほらわたし，こういう性格でしょ。だから，介護も全部自分でやらないと気が済まないのよ。

わたしはAさんのこの発言を受け，Aさんと夫に焦点をあて，「Aさんの旦那さんはどのような方だったんですか」と質問しました。これに対してAさんは以下のように答えました。

　　Aさん――主人は，背が高くて，スーツが似合ってお洒落だったんです。品もあって，言葉遣いもていねいでした。だけど，認知症になってからはそれが一変してしまいました。着るものもいい加減で，すぐ汚します。言葉遣いも乱暴になりました。わたしにはそれが耐えられませんでした。症状はどんどんひどくなっていきました。「ちゃんとして」と言ってもまったく理解して

もらえず大変でした。
　　　　　　　　　（中略）
　　わたしとしては元のようにきちんとしてほしかったんです。
　　元の主人に戻ってほしいんです。

　このようにAさんには，ご主人に「ちゃんとしてほしい」，「もとに戻ってほしい」という想いがあります。しかし，その想いに反してご主人の認知症は進行していきます。Aさんは，こうしたギャップに苦しんでいたといえるでしょう。Aさんは，認知症になり変わり果てた夫を受け入れることができなかったのです。

　このような場合，どのようにアプローチするのが適切といえるでしょうか。一般的に考えられるのは，「時間をかけて徐々に受容を促す」という方法かもしれません。しかし，Aさんの場合，「受容」には相当の時間がかかることが想像されます。さらにいえば，Aさんに「受容」を促すことは，Aさんに夫との大切な物語を捨て去れと強要することを意味するかもしれません。「受容」を促進させる支援は，Aさんを傷つけることになりかねないのです。

　こうした場合，ナラティヴ・アプローチでは，クライエントになんらかのアドバイスをして，「受容」を求めることはしません。クライエント自身にそのことを語ってもらい，クライエント自身がそのことを整理するのを手伝います。

　このときにナラティヴ・アプローチでおこなわれるのは，Aさんの物語を解きほぐし，整理することです。支援者は，「ちゃんとしてほしい」，「元に戻ってほしい」というAさんの想いを否定しませんが，逆に過度に肯定することもしません。物語の評価ではなく，整理をおこないます。

　たとえばわたしは，Aさんの物語を整理するためにつぎのような質問をおこなっています。

筆者──Ａさんは，ご主人にちゃんとしてほしい，元に戻ってほしいと思っていらっしゃる。お部屋もとてもきれいになさっている。お話を聞いていてＡさんは几帳面で，きちんとされている方なんだなって思いました。（中略）Ａさんは，昔からきちんとされていたのですか。

　ここでは，Ａさんの「几帳面」ということを時間を遡ってＡさんに語ってもらうことで，Ａさんにこの物語を整理してもらうという意図がありました。このような質問に触発されてＡさんは，わたしに分厚く語りかけました。

　Ａさん──わたしは昔，東京のデパートで働いていたんです。当時としては最先端の職場。きめ細やかな心遣いが必要な職場。とても華やかで楽しかったです。接客もお客さまに失礼がないようにきちんと対応しました。お客さまの雰囲気から，お客さまの立場に立って一緒に欲しい品物を考えるのは楽しかったです。お客さまからの評判も良かったんですよ（笑）。
　　　　　　　　　　　（中略）
　　主人の介護もデパートの接客のようにきちんとやりたかった。でも主人は認知症だから同じようにはいきません。部屋はすぐちらかるし，言葉のやりとりもチグハグ。まったく会話が成り立ちません。昔，主人は背が高くスーツが似合っていたんです。だから要介護になってもちゃんとした格好をさせてあげたかった。でもそんなことは無理ってわかっている。でもきちんとさせてあげたかった。

　「きちんとしている」というＡさんの性格（物語）は，Ａさんのすてきな部分ではありますが，在宅介護を困難化させている厄介な部分でもありま

す。ここではそのことをAさん自身が語ることで，整理することを目指しました。このようなAさんの話を聴き出すことで，AさんはAさん自身の物語を語り，「大切だけど，難しい」ということを理解します。

　ここで重要なのは，Aさんがこのことを独り言として言ったのではなく，わたしに対して語ったということです。自分の物語であっても，自分ひとりが密室で語ってもあまり大きな効果は期待されません。その物語は，誰か自分以外の他者に対して言うことでリアリティが増します。言葉として他者に語ることは自分の物語を整理し，冷静に受け止めるうえでとても大きな意味をもちます。

　このようにAさんは，介護の難しさについて整理し，ある程度客観的に受け止めることが可能になります。

| 3 |　例外を発見し，物語を調整する

例外の発見

　以上のようにわたしとの面接のなかで，Aさんは自分が「こだわっている物語」（地域が嫌い，夫が変わり果てた）を整理することができようになっています。しかし，このこだわりはAさんにとって非常に強いものです。わたしは，Aさんに複数回の面接をおこなっていますが，Aさんはこの「地域が嫌い」，「夫が変わり果てた」という物語を何度も繰り返して語りました。Aさんにとってこの二つの物語は，Aさんを強力に縛りつづけているのです。

　ナラティヴ・アプローチでは，ただこのような繰り返し語られる，Aさんがこだわっている物語を漫然と傾聴しているわけではありません。タイミングを見計らい，面接上の言葉による積極的な介入をおこないます。

　まず重要なのは，介入をおこなうタイミングを見極めることです。ナラティヴ・アプローチでは，このタイミングを見極めることを，「ユニーク

アウトカム（この本では「例外の物語」とよびます）の発見」とよびます。これをわかりやすく言えば、「クライエントが縛られていた物語とは正反対の新しい物語の糸口を見つける」ということができます。Aさんのケースでいえば、「地域が嫌い」、「夫が変わり果てた」という2つの「こだわっている物語」とは正反対の物語、すなわち「地域が好き」、「夫は昔と変わりない」という例外的な物語に注意を払います。

　それではこの「例外」はどのように発見されるのでしょうか。それは、クライエントがこだわっている物語のちょっとした隙間からこぼれ落ちるように発見されます。さきほどの外在化によってクライエントが「こだわっていた物語」が解きほぐされていきます。するとその物語の陰に隠れていた「もう一つの物語」が頭をもたげてくるのです。

　Aさんの「地域が嫌い」というストーリーについて見ていくと、Aさんは、ほぼ一貫して、「地域が嫌い」ということを口にします。もはや「地域が嫌い」ということは、Aさんの口癖になっているともいえるでしょう。それだけAさんにとって、「地域が嫌い」という物語は強い影響をもっているのです。しかし、ふとした瞬間、この「地域が嫌い」という物語とは正反対の内容を語る場面があります。たとえば以下のようなものです。

　　Aさん——地域の人にはけっこうお世話になりました。恩返しの意味
　　　で、お祭りのときには差し入れをしたこともありました。

　この物語は、Aさんがこだわっている「地域が嫌い」と正反対の「地域が好き」という内容の物語です。こうした物語は、ふだんはあまりにも強烈な「地域が嫌い」という物語の陰に隠れて、見えにくくなっています。しかし、その「地域が嫌い」という物語からこぼれ落ちるように、この物語は語られます。この時点では、支援者が注意していないと見すごしてしまうような小さな物語です。

　しかし、このようにこだわっている物語とは正反対の物語が語られた瞬

間は，言語的介入をおこなうとても重要なチャンスです。支援者は，この「地域が好き」という物語が語られたことを受けて，以下のようなAさんとのやりとりをおこなっています。

> 筆者——お話を聴いていて思ったのですが，Aさんは，地域の人が嫌いということをずっとおっしゃっていますが，じつはこの地域に愛着も感じていらっしゃるんじゃないのかなって思いました。
> Aさん——そうかしら。たしかに，地域のことが好きだった時期もあります。でも，わたしたち家族が受けてきた仕打ちは許せません。地域が好きだからこそ，裏切られたという思いが強いのかもしれません。

わたしの質問は，表現こそやわらかですが，Aさんの物語は首尾一貫していないことを指摘するという意味において，強い言語的介入です。ここでは，Aさんの言っていることは「論理的に矛盾している」ということを指摘しているのです。しかし，重要なことは，このような形での論理矛盾の指摘は，Aさんに対する批判にはなっていないということです。このわたしの語りかけは，Aさんがこだわっている「地域が嫌い」という物語には，もう一つの別の側面があることを気づかせる働きがあるといえるでしょう。

ナラティヴ・アプローチでは，このようにどのような物語も，首尾一貫して語られる物語はないと考えます。クライエントによって，首尾一貫して語られた物語には，"嘘"が紛れ込んでいると考えるのです。こだわって語られる物語は，なんらかの力の作用で表面にあらわれているだけで，その背後には別の物語があります。このもう一つの別の物語は，ふだんは，こだわっている物語の陰に隠れて見えにくくなっていますが，クライエントにとってとても重要な意味をもちます。ナラティヴ・アプローチでは，前者をドミナント・ストーリー（この本では「こだわっている物語」

よびます），後者をオルタナティヴ・ストーリー（この本では「もう一つの物語」とよびます）という概念を用いて説明します。

　同じことは，Ａさんがこだわっていたもう一つの物語についてもいえます。つまり，「夫が変わり果てた」という物語をいつもは語っているＡさんが，「夫は昔と変わりない」ということを語ることがあるのです。このことを引き出すためにわたしは，Ａさんとつぎのようなやりとりをおこなっています。

　　Ａさん——夫は昔となんにも変わっていません。品の良さは，呆けても（認知症になっても）引き継がれるのでしょうか。
　　（中略）
　　筆者——旦那さんは，認知症になって変わり果てたとおっしゃっていましたが，認知症になっても変わらない部分っていうのはあるんですね。
　　Ａさん——もう，元の夫には戻らないと思うけど，ふとした瞬間や場面によって，元の品の良さは感じられます。人間の本質は変わらないのかもしれません。
　　筆者——旦那さんはすてきな方だったんですね。
　　Ａさん——ええ。言葉遣いもていねいだし，服装もちゃんとしていました。この写真を見てください。

　Ａさんは，介護が大変だったという文脈では，「夫が変わり果てた」と言っているわけですが，別の文脈では「夫は昔と変わりない」ということも語っています。この物語は，互いに矛盾する内容ですが，Ａさんにとってはどちらもリアリティのある物語といえるでしょう。
　このように例外の物語とは，クライエントが強くこだわっている物語とは矛盾する物語です。この物語は，ふとした瞬間にクライエントによって語られます。しかし，この「例外の物語」は，クライエントのこだわりに

よって蓋をされ，とても見えにくくなっています。支援者は，この「例外の物語」を見すごさないように注意を払いながら，クライエントのナラティヴに耳を傾ける必要があります。そして，「例外の物語」を見つけることができたら，その論理矛盾を解き明かし，クライエントと一緒に別の物語の可能性をていねいに探ることが求められます。

物語を整える

　例外の物語が発見されたあと，支援者がおこなうことは，クライエントにその例外の物語を分厚く語ってもらうことです。例外の物語が発見された当初，クライエントにとっての「もう一つの物語」は，「こだわっていた物語」の侵食を受け，だいぶ弱っている状態にあります。支援者は，クライエントのまだ弱い声をつむぎ，少しずつ分厚いものにしていくことが求められます。

　通常，クライエントがこだわっていて問題が染み込んでいる物語を聴くときは，支援者は慎重になります。しかし，例外の物語によって発見された，それまで隠れていたもう一つの物語は，クライエントがいきいきと語ることのできる物語です。支援者は，クライエントに例外の物語を糸口として，もう一つの物語について積極的に質問をおこないます。

　たとえばAさんの「地域が好き」という例外の物語に関しては，以下のような質問をおこなっています。

　　筆者——Aさんは地域のことが好きだった頃があるということですが，それは具体的にはどのようなものですか。何かエピソードなどがあれば教えて下さい。
　　Aさん——エピソードですか。うーん，そういえば地域のお祭りに料理の差し入れをしたことがあります。わたし，料理が好きだったので。料理とお酒を集会所に持っていって，みんなに食べてもらった。美味しいって言って食べてくれました。

また,「夫は昔と変わりない」という例外の物語に関しては,以下のような質問をおこなっています。

 筆者——旦那さんのことで,介護が必要になって（認知症になって）も品がいいと思われる点ってどこでしょうか。
 Aさん——とにかく,お洒落なんです。
 筆者——え,凄い。どんな感じでお洒落なんですか。
 Aさん——自分の気に入った服しか着ない。絶対に。こだわりが強いんです。下着とか靴下までこだわってる（笑）。

Aさんのケースでは,以上の2つの例外の物語を糸口に,それまで小さく隠れていた物語を分厚く語ってもらい,大きくしていくことが必要です。ただしここで重要なのは,ナラティヴ・アプローチでおこなっていることを,「"こだわっている物語"の"もう一つの物語"による"書き換え"」として理解することは,必ずしも正確ではありません。なぜなら,「もう一つの物語」をいくら分厚く語ってもらったとしても,「こだわっている物語」は消え去ることはなく,厳然とクライエントを拘束しつづけるからです。

たとえば筆者が「書き換え」を意識して不用意にAさんに語りかけた言葉が適切ではなかったことがあります。それは以下のようなものです。

 筆者——Aさんはこの地域が「嫌い」ではなく,「好き」なんですね。よかったです。
 Aさん——それは違いますよ。やっぱりこの地域のことは嫌いです。ほんとひどい目にあったんだから。好きにはなれません。

このようにAさんの「地域が嫌い」という物語は,「地域が好き」という物語で覆いつくせるようなものではありません。Aさんにとって,「地域

が嫌い」であるという物語は簡単に消し去ることのできないほどの重さをもっています。Aさんにとっては,「地域が嫌い」という否定的な物語は,「地域が好き」という肯定的な物語と同じくらい大切な物語なのです。Aさんの「こだわっている物語」が容易に「もう一つの物語」に書き換えられると考えるのは楽観的すぎるといえるでしょう。

このように見てくると,ナラティヴ・アプローチでおこなっているのは,「もう一つの物語」による「こだわっている物語」の「書き換え」ではなく,「こだわっている物語」と「もう一つの物語」の均衡が図られるように「調整」することといえます。すなわち,介入前は,「こだわっている物語」がクライエントのほとんどを支配していたとしたら,介入後は,「こだわっている物語」と「もう一つの物語」の力関係のバランスがとれた状態に調整すること,といえるでしょう。大切なのは,「こだわっている物語」と「もう一つの物語」の位置関係,力関係を整理し,「こだわっている物語もあるけど,もう一つの物語もある」という「複雑な物語」についてAさんがきちんと理解することです。

このような複雑な作業をおこなうことは,「こだわっている物語」が染み込んでいる状態のAさんだけではなかなかできません。「こだわっている物語」を外在化し,「もう一つの物語」の可能性に気づき,その物語を膨らませ,さらにそれぞれの物語の整理をおこなうことは「当事者」であるクライエント一人では困難です。この複雑な作業をおこなうためには,クライエントの物語に関心をもち,なおかつ客観的に耳を傾けることのできる他者としての支援者が必要です。

支援者は,Aさんが「こだわっている物語」に引き戻されないように,かといって「もう一つの物語」で覆いつくしてしまわないように注意しながら,Aさんの「複雑な物語」の共同制作者になる必要があります。支援者は,Aさんの相反する二つの物語に平等に耳を傾け,Aさんと一緒に整理する必要があります。このことは,「複雑な物語」をもつ人としてAさんの理解を促すだけではなく,支援者がAさんを理解するプロセスともい

えます。支援者は，Aさんの「複雑な物語」の証人となることで，Aさんの「複雑な物語」はよりいっそう現実味を帯びることになります。

「目標」を設定する

このようにナラティヴ・アプローチでは，「こだわっている物語」と「もう一つの物語」の整理をおこない，「複雑な物語」の持ち主としてあることをクライエント自身に理解してもらうプロセスといえます。このようなアプローチは支援者にとっても，クライエントをより深く理解することを可能にするでしょう。ナラティヴ・アプローチにとって，クライエントが自分を理解し，支援者がクライエントを理解することはとても重要なプロセスです。

ところで，支援も終盤に差しかかったところで確認しておかなければいけないことがあります。それは，ナラティヴ・アプローチの支援目標，すなわち何を目標に支援をおこなえばいいかということです。

ナラティヴ・アプローチの支援目標は，一般的な支援方法の目標とは大きく異なります。たとえば，「生活の改善」，「自立の促進」，「エンパワメント」などの一般的には肯定的に受け止められる状態を支援目標に設定することには禁欲的です。なぜならば，それらの耳ざわりの良い支援目標を設定することが，「クライエントのため」になるかどうかはわからないからです。ナラティヴ・アプローチでは，支援目標の設定についてとても慎重になる必要があります。

このことを，「困難事例」であるAさんのケースで見ていきたいと思います。一般的な支援方法では，Aさんの支援目標は，Aさんが支援を必要としないで自立して地域生活を送ることに求められるでしょう。すなわち，「困難事例からの回復」です。

しかし，ここのような「困難事例からの回復」という「目標」の設定は，ナラティヴ・アプローチの考え方とは相容れないものです。そもそもナラティヴ・アプローチでは，クライエントを「困難事例」と見なすことを拒

否し，「無知の姿勢」でクライエントの物語を読み解いていきます。ナラティヴ・アプローチは，「困難事例」というラベルの否定的影響を知っているからこそ，このような立場に立つわけです。

「困難事例からの回復」というものを支援目標として持ち出した瞬間，ナラティヴ・アプローチは，魅力を一気に失ってしまいます。「困難事例からの回復」を支援目標として設定すること自体が，クライエントに対し「困難事例」という負のラベルを貼ることにつながります。さらに，そこからの「回復」を目指すということは，クライエントの「こだわっている物語」を強化し，そこから抜け出せなくさせる危険があります。支援すればするほど「困難」が深まる，というジレンマに陥るのです。

ナラティヴ・アプローチでは，「困難事例からの回復」という支援目標は，クライエントの望みではなく，支配的圧力をもった社会的な望みであると考えます。さらにいえば，このような支援目標の設定は，支援者やクライエントを取り巻く人々の偏見を体現したものと見なします。つまり，ナラティヴ・アプローチでは，「困難事例からの回復」というような一般的に設定されてしまう支援目標を設定することを意図的に拒否するのです。そのような支援目標は，「支援者や周囲の人々のため」ではあっても，「クライエントのため」ではありません。

このことをAさんのケースにあてはめてみれば，Aさんが介護サービスの利用を再開すること，近隣住民とのトラブルが解消されて仲良くすごすこと，などを支援目標としてはいけないということになります。もちろん結果としてそのような可能性も生じるかもしれません。また，支援者がそのような支援目標をイメージして支援をおこなうこともあるでしょう。しかし，それを目指すべき支援目標として設定することは不適切です。

それではナラティヴ・アプローチでは，どのような支援目標を定めるのでしょうか。ナラティヴ・アプローチの支援目標は，あくまでもクライエントの物語の捉え方の変化としておさえる必要があります。たとえば，先ほど見てきた「こだわっている物語」と「もう一つの物語」の整理をおこ

ない，「複雑な物語」の持ち主としてあることをクライエント自身に理解してもらうことは一つの支援目標となるでしょう。「複雑な物語」であることを理解したクライエントは，いわば「問題が染み込んだ自分自身からの回復」を果たすことになります。

そして，このことは同時に，支援者がクライエントを理解するプロセスということもできます。支援者は，クライエントを「複雑な物語」の持ち主であることを知ることを通して，この「複雑な物語」を共同制作していくのです。ナラティヴ・アプローチにおける支援目標は，「複雑な物語」としてクライエントが自分自身を理解すると同時に，支援者がそのような個人としてクライエントを理解することでもあるのです。

このような支援目標の設定は，一般的な支援方法からすると奇異に映るかもしれません。つまり支援プロセスの順序が逆になっているのです。通常は支援の前にクライエントを理解し（アセスメント），そのうえで支援目標を設定し（プランニング），支援を実行に移します（インターベンション）。しかし，ナラティヴ・アプローチでは，支援をおこなうなかで，物語の解きほぐし方を探り，クライエントを理解することが求められるのです。

「複雑な物語」を共有する

以上で見てきたように，ナラティヴ・アプローチにおける支援目標は，「複雑な物語」の持ち主として，クライエントが自分自身を理解し，また支援者もそのような物語の持ち主としてクライエントを理解することといえるでしょう。

ところが，社会的な視点をもった「ソーシャルワーク」の立場から見ると，それだけでは不十分かもしれません。なぜなら，そのようにクライエントを理解するプロセスは，クライエントと支援者の二者間でのみ共有されうる閉じた物語だからです。

たとえば，クライエントは，支援者との関係において，自分の物語を整理し，理解することが可能になったとします。しかし，その物語は，あく

までもクライエントと支援者の二者関係においてのみ了承されうるものです。そのような密室で作られた物語は，外の世界ではほとんど意味をもちません。面接の時間が終われば，クライエントには，いつもの日常生活が待っています。外部の世界とのかかわりのなかで，クライエントは再び傷つき，支援前のもとの状態に戻ってしまう危険があります。

　Ａさんのケースもそうでした。支援者はＡさんの物語の調整をおこない，「こだわっている物語」の力を弱め，「もう一つの物語」の力を強くするようにかかわりました。面接の終了時点ではＡさんの物語のバランスはとても良い状態になっていました。しかし，1カ月後の訪問では，Ａさんはまた元の状態に戻っていたのです。「地域が嫌い」，「夫が変わり果てた」という愚痴をえんえんと話しはじめたのです。その後も1カ月おきに面接をおこないましたが，面接の終了時には良い状態にあったＡさんの物語は，何度も元に戻り，支援者は何度も同じ介入をする必要がありました。このような支援には，終わりがありません。

　この問題を解決するためには，より社会的な視点を強調する必要があるとわたしは考えます。具体的にいえば，支援者との二者関係だけで物語を共有するのではなく，より広い，近隣住民やわたし以外の支援者にもＡさんの物語を共有してもらうことが必要でしょう。

　Ａさんのケースにおいて，わたしは訪問面接の最終段階において，たとえば以下のような語りかけをおこないました。

　　筆者——お話しいただいたこと（この地域では認知症に対する無理解があり，偏見が根強く残っているということ）はとても重要なことです。でも多くの人が気づいていないことでもあります。今度，民生の会議（民生・児童委員協議会定例会）があるので，そこでわたしから少し話をしてみようと思うのですが，いいでしょうか。
　　Ａさん——そう。みんな知らないと思う。ほかにもこういう目にあう

人がでないように，お願いしてみようかしら。
　筆者——わかりました。では，どのようにお伝えしたらよろしいでしょうか。
　Ａさん——そうですね……（地域住民の認知症への理解が進むことを望む内容）

　これは，「この地域では認知症に対する無理解があり，偏見が根強く残っている」というＡさんの訴えを，わたしが定期的に参加している民生・児童委員協議会定例会で報告する許可をとっている場面です。この場面は，倫理的配慮から情報共有の前に許可をとるという意味もあるのですが，ナラティヴ・アプローチの観点からはもっと大きな意味をもつといえるでしょう。それは，Ａさんの物語をより多くの人々と共有するということです。

　わたしは，この面接の後，実際にケース報告として民生・児童委員協議会定例会の場でＡさんの訴えを報告しました。またそれと同じ内容を，地域包括支援センターのミーティングの場面でも報告し，Ａさんの物語の共有を試みました。わたしは，二者関係にとどまっていたＡさんの物語を，地域住民，さらにはわたし以外の専門職と共有するように伝えました。

　もちろんこの試みは，わたし一人の努力でどうにかなるものではありません。わたしの働きかけによって，地域の認知症への偏見が解消し，Ａさんの物語を多くの地域住民と専門職が受け入れるということは容易になし遂げられるものではありません。

　しかしナラティヴ・アプローチの観点からいえば，このような社会への働きかけには一定の意味があったといえます。それは，訪問面接の締めくくりを社会的な広がりをもたせながら終わらせたことだと思います。

　わたしは，つぎのように面接を締めくくりました。

　　　筆者——こうしたお話をもとに少しでも住みやすい地域になればいい

なと思います。こうしたお話は，直接お聴きしないとなかなかわからないことなので，Aさんからお話を聴くことができてよかったです。ありがとうございました。
　Aさん——あら，少しでもお役に立てたなら嬉しいです。

　この面接の締めくくり方の特徴は，支援者であるわたしがクライエントであるAさんに対して「ありがとうございました」と感謝の言葉を述べている点に求められます。そしてその感謝の言葉に応え，Aさんは，「お役に立てて嬉しい」と肯定的な感情を述べています。
　これは一見，当たり障りのないやりとりのようにも感じられます。ですが，ソーシャルワークの観点から見ると，支援的に重要な意味を見出すことができます。このやりとりには，クライエントであるAさんが「認知症に対する無理解がある地域」を「認知症に対して理解のある地域」に変化させるというプロセスに「参加」しているということを自覚する場面といえるでしょう。ソーシャルワークの言葉でいえば，ソーシャルアクション（社会活動）へのクライエントの参加です。
　Aさんがかかえる困難は，「複雑な物語」を支援者やその周辺の人々が共有することによって軽くなります。しかし，このことはソーシャルワークの視点から見れば十分な解決とはいえません。心ない地域住民から，認知症に対する偏見や差別の言葉が浴びせられ，Aさんが再び傷つく危険は絶えずあります。ソーシャルワークとしての最終的な支援目標は，Aさんの住んでいる地域における認知症患者やその家族への偏見がなくなることです。
　もちろん，こうした目標設定はあまりにも理想的すぎます。地域全体の偏見をなくすことは，あまりにも大きすぎる目標であり，実現可能性が高いとはいえません。
　しかし，そのようなソーシャルアクションのプロセスに参加しているというクライエントの自覚は，そのクライエントにとって支援的であったと

いえるでしょう。偏見をなくすというプロセスに，自分が役に立っているという意識は，Aさんを少なからず力づけ，Aさんの回復を促したといえるでしょう。

　Aさんは，この面接からしばらくして，いままで拒否していた介護サービスの利用を再開しました。ナラティヴ・アプローチを用いた介入の結果，Aさんはもはや支援を拒否する「困難事例」ではなくなりました。このことをもって，Aさんは，「困難事例」から「回復」したといえるかもしれません。

何を目指して，どのように支援するのか？

　この章で見てきたように，「困難事例」への支援をおこなううえでナラティヴ・アプローチは，一定の有効性がありそうです。少なくとも，クライエントを「問題」ととらえ，その「問題」を除去しようと強引に介入するアプローチよりも効果的な支援をおこなうことができるといえるでしょう。Aさんの事例でも，ナラティヴ・アプローチを用いて支援をした結果，それまで頑なに拒否していた介護サービスの利用が再開されました。

　しかし，このような「結果」は，支援の強い目標として設定されていたわけではありません。ナラティヴ・アプローチは，あくまでも，「無知の姿勢」でクライエントと向き合い，そしてクライエントの物語への介入をとおしてクライエントを理解するうえで有効に機能したといえるでしょう。「介護サービスの利用再開」ということについて，わたしはAさんとの訪問面接において一度も勧めていませんし，そのことが面接で話題になったこともありません。また，支援者であるわたし自身も，面接の最中は，そのことはほとんど意識していません。支援者が絶えず意識していたのは，いかにクライエントと向き合い，クライエントを理解するかということです。

　すでに述べてきたように，ナラティヴ・アプローチでは，「困難事例からの回復」という支援目標の設定を拒否します。Aさんの場合でいえば，

「介護サービスの利用再開」という支援目標の設定を拒否するのです。支援に際し，もしこの目標を設定していれば，支援者は，Aさんときちんと向き合おうとせず，Aさんがもつ物語の複雑さに気づくことはできなかったといえるでしょう。

ところで，この事例でのアプローチの方法は，いわゆる，「ナラティヴ・セラピー」とは少し異なります。たとえば，ナラティヴ・セラピーで一般的におこなわれている物語の外在化を促すための「名づけ」や，物語の定着を目指す「手紙」は用いられていません。

たとえば，Aさんの事例で名づけをおこなうとしても，Aさんは「問題」を自覚して，支援機関の面接室に来てくれるクライエントではありません。このようなAさんの「問題」に名前をつけて外在化することはあまり現実的ではありません。たとえば，「地域が嫌い」，「地域から嫌われている」というAさんの「問題」に対して，技法的になんらかの名前をつけることは，Aさんを「問題」と直面させることにつながり，Aさん自身を傷つけることになるかもしれません。ここで見てきたようにAさんの物語を傾聴しながら，「こだわっている物語」を解きほぐし，その調整をおこなうほうがより自然といえるでしょう。

また，ナラティヴ・セラピーでは，物語の共有や定着を目指すために，「手紙」や「認定証」を発行して，物語が元の問題の染み込んだ物語に戻らないようにします[23]。しかし，このAさんの事例で，そのような「手紙」を出すことは，少し違和感があるような気がします。すでに見てきたように，ソーシャルワークの強みをいかして，地域の人々と共有し，ソーシャルアクションへの展望をもたせたほうが効果的だと思われます。

ここで述べたような，福祉領域でのナラティヴ・アプローチにおける支援が，ナラティヴ・セラピーのそれとはどのように異なるかを定義することは大きな課題です。すなわちナラティヴ・セラピーとは異なる，「ナラティヴ・ソーシャルワーク」の固有の部分は何かという問いです。

もちろん，Aさんの事例で「名づけ」が不釣合いだったのは，Aさんが

高齢者であったからで，子どもへの支援においては，ソーシャルワークであっても有効かもしれません。また，Aさんの事例固有の問題かもしれません。「手紙」についても同様です。実際にこの事例ではおこなっていませんが，より支援を効果的なものにする可能性があったかどうかは未知数です。この点については，この本では十分に示すことができませんので，問題提起にとどめておきたいと思います。

このように，この章ではナラティヴ・アプローチを用いた「困難事例への支援」について見てきました。しかし，この章で書いたことは，あくまでも支援者の目線で書いたことにすぎません。このようなアプローチに，どのような効果が，どの程度あったのかについての確証もありません。いわば「支援者のストーリー」であり，わたしのあくまでも個人的な筋書きといえるかもしれません。クライエントはその筋書きとは別のリアリティを生きている可能性もあるのです。

これは，支援後に科学的な方法を用いて効果測定することで解消されるような単純な問題ではありません。さらにソーシャルワークとしての支援を考えると，その点を明らかにするには，周辺の人々や地域社会，そして将来にわたって見ていく必要があるでしょう。

Ⅲ

多問題家族を支援する

| 1 |　対等な支援は可能か？

どのように「クライエント」になるのか？

　当たり前のことですが，「クライエント」とは，なんらかの問題や困難をかかえ，支援者による支援を受ける人を指す言葉です。そして，「支援者」とは，なんらかの知識や技術をもち，クライエントを対象に支援を提供する人を指します。

　しかし，このような一般的な定義は，ナラティヴ・アプローチの立場から見ると必ずしも適切ではありません。「クライエント」という言葉も，「支援者」という言葉も，誰かが支援を提供し，別の誰かがその支援の提供を受けるという，「支援」をめぐる関係を説明する便宜上の呼び名にすぎません。

　まず，「クライエント」という"役割"に注目して見ていきましょう。「クライエント」は支援者による支援の提供を受けることで初めて「クライエント」になります。一般的には，「クライエント」は，支援を受けるに値する問題や生きにくさをかかえていると考えられています。しかし，そのことは，「クライエント」になるための前提条件ではありません。「クライエント」は，支援者による支援の提供を受ける前は，「クライエント」ではないのです。

　同じことは，「支援者」についてもいえます。「支援者」は，クライエントに支援を提供することで初めて「支援者」になるということができます。支援に必要な専門的な技術や知識をもっているだけでは「支援者」にはなれません。クライエントに支援を提供する前は，「支援者」ではないのです。

　このように，「クライエント」とよばれる人も，「支援者」とよばれる人も，一方が支援を提供し，もう一方が支援の提供を受けるという相互的な

行為を通して構築された（＝作られた）役割といえるでしょう。なんらかの問題や生きにくさをかかえた人は，それだけでは「クライエント」ではありません。同じように支援に必要な専門的な技術や知識をもつ人も，それだけでは「支援者」ではないのです。

わたしたちは，「クライエント」を，なんらかの「支援」を必要とする特別な人として考えます。そして，同じように，「支援者」を，なんらかの専門的な「支援」を提供する特別な人として考えがちです。しかし，それはあくまでも，「支援」という行為を通して与えられた一時的な役割です。「支援」がおこなわれる以前は，あるいは，「支援」がおこなわれていない別の場面では，「クライント」も「支援者」も，どちらも同じように一人の生活者です。そして，この一人の生活者が，「支援」という行為によって，支援を提供する側が「支援者」になり，支援の提供を受ける側が「クライエント」になるのです。

このように「クライエント」と「支援者」を，「支援」を通して構築された（＝作られた）役割としてとらえることは，ナラティヴ・アプローチとしてソーシャルワーク実践を考えていくうえでとても大切な出発点です。この章では，「クライエント」と「支援者」の関係にこだわりながら，「支援」のあり方についてより深く考えていきたいと思います。

「対等」であるということ

より良い支援を考えていくうえで，クライエントと支援者との支援関係に注目することはとても重要です。「良い関係」を結ぶことは，「良い支援」につながる第一歩といえるでしょう。

それでは，ここで目指すべき「良い関係」とはどのようなものでしょうか。それは一般的には，「対等」な関係であると考えられています。近年の支援論では，どのようにしたらクライエントと支援者が「対等」な関係を結ぶことができるかということに，多くの関心が集まっています[24]。

かつて，ソーシャルワークを含む多くの対人援助領域では，「パターナ

リズム」にもとづいた支援関係が当たり前のものとされてきました。パターナリズムとは，専門的な知識や技術をもった専門職が，クライエントのためを思い，クライエントに代わって支援の方針を決めることを良いと考える立場です。しかし，このパターナリズムにもとづいた支援では，クライエントの意見を十分に反映することができません。そこでは，専門職が権威的に振る舞うことも許容されます。それどころか専門職が権威的に振る舞うことは，頼りがいのある専門性の証しでもあったのです。そのため，パターナリズムにもとづいた専門職とクライエントの支援関係は対等なものとよべるものではありませんでした[25]。

　このパターナリズムの反省から重視されるようになったのは，「自己決定」とよばれる考え方です。クライエントは，自分の支援の方針を決める際，専門職にすべてまかせるのではなく，専門職に対しても積極的に意見を言うことが求められるようになりました。この自己決定にもとづいた支援では，クライエントの意見が反映されやすくなります。そして，自己決定を尊重するためには，専門職は，クライエントの意見に対して十分に耳を傾ける必要があります。そこでの専門職は，もはや権威的に振る舞うことは許されません。そこでの支援関係は，対等であることが求められるようになったのです。

　このような，「対等」な支援関係は，今では一般的なものとなっています。支援の現場でも，クライエントに寄り添い，クライエントの声に耳を傾けるよう努力がなされています。また専門職の研修や養成教育においても，バイスティックの7原則にある「受容」や「非審判的態度」などの必要性が繰り返し説かれています[26]。クライエントとの間に「対等」な支援関係を築くことは，今日の対人援助に共通するもっとも重要な課題の一つといえるでしょう。

　しかし，実際に支援をおこなう場面で，このような「対等」な支援関係を築くことは簡単ではありません。それどころか，わたしは，実際の支援の場面において，支援者とクライエントが「対等」な関係を築くことはほ

とんど不可能だと考えています。

　このような「対等」な支援関係を築くことがきわめて難しく，不可能に近いと考える立場は，専門職の倫理から逸脱していると受け止められることもあるでしょう。このような立場に立つことは，「良い関係」を築き，「良い支援」を目指すことを最初から諦めた，投げやりな態度と映るかもしれません。

　しかし，このように「対等」な関係を前提とした「支援」を疑ってみることは，「クライエントにとって」の「より良い支援」を考えていくうえでとても重要です。専門職の倫理から逸脱するどころか，専門職の倫理を実践的な場面に即して追求する立場であるといえるでしょう。むしろ，「対等」な関係を築けるということが不可能であるにもかかわらず，それが可能であるとして理念的な目標に据えることこそが危険です。

　たしかに，パターナリズムの克服を目指すうえで，「対等」な支援関係という理念的目標は大きな役割を果たしてきました。しかし，今の社会における福祉的な課題は，そのパターナリズムの克服を目指した当時とくらべ，高度化，複雑化しています。いつまでも当時の支援論の枠にとらわれていては，今の福祉的課題に対して，有効な支援をおこなうことは困難といえるでしょう。

　ここでは，これまでのソーシャルワークの支援論を，少し先に進める検討をおこないたいと思います。

支援関係における「力」の作用

　この検討のために必要なことは，「支援」における「専門性」というベールを剝がすことです。ここでいう「専門性」とは，支援者が身に着けている専門的な知識や技術，そして倫理です。さきほど見た「対等」な支援関係を目指すという倫理的目標も，「専門性」の一つといえるでしょう。こうした「専門性」は，支援者が支援をおこなううえで助けになりますが，一方では支援の内実を覆い，見えにくくしていることでもあります。

今の社会における複雑な課題に対する「支援」は，支援者の「専門性」が確保されていれば，それだけでうまくいくほど単純ではありません。「支援」における支援者とクライエントの関係は，一般的に考えられている以上にとても複雑です。「支援」は，支援者の期待どおりに始まり，展開し，収束するものではありません。「専門性」によって，支援対象であるクライエントを統制（コントロール）し，管理（マネジメント）することなど，不可能なのです。わたしたちは予測不能な支援展開にも柔軟に対応していく必要があります。そのためには，「専門性」という覆いをいったん取り払う必要があるでしょう。

　「専門性」を取り払い，「支援」という相互行為をくわしく見ていくと，そこには支援者とクライエントの「力」の優劣が浮き彫りになってきます。つまり，優位な立場にある支援者が，クライエントに対して支援をおこなうことで，クライエントは劣勢な立場に置かれるのです。そこには力の不均衡が生じます。このような力の不均衡が生じるのは，支援者の「対等」であろうとする配慮や努力が足りないからではありません。「支援」という行為それ自体に，力の優劣を決める作用が埋め込まれているのです。

　この点は少しわかりづらいので，学校に行かない不登校児Bちゃんを例に考えてみましょう。

　Bちゃんを「支援」しようとするとき，一般的には，Bちゃんが学校に行っていないということに注目するでしょう。そして不登校という問題を解決するための支援をおこないます。たとえば支援者は，Bちゃん自身に登校できるようになんらかのアドバイスをします。あるいは，不登校の原因が家族にあると考えれば，家族全体の機能不全を回復させるように働きかけるかもしれません。また，学校の担任の先生との調整を図り，Bちゃんが再び登校できるような環境整備を図ることもあるでしょう。さらには，フリースクールなど学校以外の選択肢を用意する必要があるかもしれません。

　このような「支援」は，不登校児への支援としては一般的な方法です。

しかし，このような「支援」は，どれも「力」を帯びた行為なのです。支援者が専門性を振りかざすようなことをせず，「対等」であろうと細心の配慮と工夫をもってＢちゃんとかかわったとしても，この力の作用から自由になることはできません。支援者がＢちゃんに支援を提供し，Ｂちゃんが支援を受けることで，支援者はＢちゃんより優勢な立場に立ち，Ｂちゃんは支援者より劣勢な立場に置かれます。

　このように，「支援」という相互行為には抜きがたく「力」の作用が埋め込まれています。「支援」という行為が成立する以上，この力の作用から抜け出ることはできません。「力」の優劣は，「支援」の本質的な要素です。もちろん支援者は，意図的にクライエントを劣勢な立場に陥れようとはしていません。しかし，「支援」という行為は，両者の力の関係を不均衡なものにします。

　このような力の作用に注目して「支援」という相互行為を眺めると，支援者とクライエントの関係は，その役割を容易に入れ替えることができる対称的なものではないことが理解できます。支援者とクライエントの関係は，役割を入れ替えることの難しい非対称的なものです。つまり，支援者とクライエントは，支援を提供する側とその支援の提供を受ける側という非対称的な関係にあります。

　わたしたちは，「支援」を通じて生み出されるこの非対称な関係に目をつぶり，それを強引に対等なものと見なすことはできません。より良い支援関係の構築を目指すのであれば，むしろ「支援」という行為に埋め込まれた力の優劣に注目し，支援者とクライエントの関係は非対称である，という認識から出発する必要があるのではないでしょうか。

「支援しない」という支援

　今日のソーシャルワークにおいては，かつてのパターナリズムにもとづいた支援はおこなわれなくなりました。多くの支援者が，「対等」な支援関係を築くことを目指すようになっています。しかし，すでに見てきたよ

うに，理論的にも，現実的にも，「対等」な支援関係を築くことはとても困難です。支援者がいくら利用者に寄り添ったとしても，「対等」な支援関係を築くことはできません。

　支援者は，「支援」という行為を通して，クライエントよりも優勢な立場を獲得し，クライエントはそのような「支援」を受け入れることにより自らを支援者よりも劣勢な立場に位置づけます。こうした支援関係に埋め込まれた力の作用から逃れることは，通常の「支援」をおこなうかぎり不可能です。「支援」が成立する以上，支援者とクライエントの間には力の優劣が消え去ることはありません。

　しかし，わたしたちは，専門性というベールを脱ぎ捨てることで，支援関係における力の作用に注目することができます。そこで浮き彫りとなる力の優劣の存在は，より良い支援を考えていくうえでは必ずしも望ましいことではありません。とくに，クライエントと信頼関係を築き，クライエントからそれまで語りえなかったナラティヴを引き出すうえでは大きな障壁となるでしょう。

　それでは，わたしたちはどのようにして，この障壁を乗り越えることができるでしょうか。

　その解決策は，支援関係に力の優劣を生じさせる根本的な原因を取り除くことである，とわたしは考えています。それは，支援者が支援を提供し，クライエントがその支援を受ける，ということを「しない」ということではないでしょうか。つまり，逆説的ではありますが，括弧つきの「支援」を成立させないことが，「より良い支援」につながるのです。

　「支援」を成立させないためには，具体的には二つの方法があります。一つは，クライエントが支援者の提供する「支援」を拒否することです。そしてもう一つは，支援者がクライエントに対する「支援」の提供をやめることです。

　まずクライエントが支援者の提供する「支援」を拒否するということを考えてみたいと思います。クライエントは，たしかに支援者が提供する

「支援」を拒否することができます。倫理的にも，クライエントが支援者の支援を受けるか，退けるかは，クライエントの自己決定にかかっています。しかし，クライエントが支援者の支援を拒むことは容易ではありません。支援者は，専門的な知識や技術をもった専門職です。そして，クライエントはなんらかの困難をかかえて弱っている状態にあります。このような状況において，提供される支援をはねのけるクライエントはほとんどいません。逆にいえば，このような支援をはねのけるクライエントは，「支援困難事例」と見なされます。そして，支援者からは「特別な支援」が必要なクライエントと位置づけられてしまいます。そのため，通常はクライエントが支援を拒否することは困難といえるでしょう。

　ここで注目されるのは，支援者がクライエントに対する「支援」の提供を「しない」ということです。これは一般的な支援論からかけ離れたラディカルな立場です。すでに見てきたように支援者は，「支援」という行為を通じて，支援者になります。つまり，「支援」という行為を「しない」ということは，支援者であることそれ自体をやめるということにほかなりません。しかし，支援者が支援を提供せず，支援者であることをやめるということは，クライエントとの信頼関係を築き，より良い支援につながる重要な態度といえるでしょう。

　ナラティヴ・アプローチでは，このような支援者の態度を「無知の姿勢 (not-knowing)」という言葉で説明しています。この「無知の姿勢」は，ナラティヴ・アプローチにおいて，いまだ語られていないナラティヴを引き出すために必要な支援者の態度です。

　しかし，この言葉は，支援者が有する知識や技術，倫理などの「専門性」とは真っ向から対立する考え方です。ナラティヴ・アプローチでは，無知の姿勢に立つことで，自らの専門性をも否定します。そして，「クライエントこそ専門家である」という立場から支援をおこないます。そのような支援は，もはや従来の「支援」とは異質なものです。それは，支援者の純粋な好奇心にもとづいた態度であり，クライエントのナラティヴをもっと

知りたいという欲求です。「無知の姿勢」による支援は、もはや困っている当事者を助けるという、支援者が優勢な立場を確保する支援ではありません。

2 認知症患者の物語をつむぐ

事例の概要

　それでは、支援者とクライエントの関係に抜きがたく含まれる力の優劣に配慮した支援がどのような意味をもつか、具体的な事例を通して見ていきたいと思います[27]。ここで取り上げる事例は、ナラティヴ・アプローチの視点に立った支援をおこなっていますが、必ずしもナラティヴ・アプローチの技法をそのまま使ったものではありません。また、有効であると思われるナラティヴ・アプローチ以外の技法も用いられています。

　まず事例の概要を確認したいと思います。ここでの支援対象となるクライエントは、ある地方都市に住むBちゃん（女児、介入当初11歳）の家族です。Bちゃんは、3人兄弟の末っ子で、専業主婦の母親Cさんと会社員の父親、そして父親の母親で認知症を患っているAさん（女性、80歳代、介入当初の介護度は要介護2）と同居しています。Aさんは、とても自尊心が強く、とくにお風呂に入ることを極端に嫌がります。そして、デイサービスなどの外部サービスを一切利用しようとしません。身体的には自立していますが、物忘れがひどく、介護に対して拒否的で、また周囲に暴言をはくなどの認知症の症状が強く出ている状況です。専業主婦の母親Cさんは、Aさんの介護に追われる日々が続き、疲れ果てていました。

　そのような中、Bちゃんは学校に行くことができなくなりました。それまでは学校を休むことのほとんどなかったBちゃんが、急に学校に行けなくなってしまったのです。とくにいじめがあったわけでもなく、学校で何かトラブルがあったわけでもありません。Bちゃんが学校に行けなくなっ

た(行かなくなった)明確な理由は不明です。

　この家族は，Aさんの「介護拒否」と，Bちゃんの「不登校」という「問題」をかかえることになりました。ソーシャルワークにおいて，このように複数の「問題」をかかえた家族は，「多問題家族」とよばれます。

　この家族は，いわゆる「多問題家族」であるために，多くの専門職がかかわっていました。具体的には，保健師，介護支援専門員，ホームヘルパー，デイサービススタッフ，小学校の担任，養護教諭，カウンセラー，医師など，ざっと数えただけでも8名もいます。しかし，AさんとBちゃんの「問題」はいっこうに改善される気配がありません。それどころかいっそう深刻になっているように思われました。Aさんの認知症の症状も強く出るようになり，攻撃的な言動が増えました。母親Cさんには心労が蓄積されていきました。また，Bちゃんは，不登校になった当初は，一週間のうち数日は保健室登校をしていましたが，しだいにそれもできなくなってしまいました。

　このような状況にあったAさんとBちゃんの家族に，わたしは，9番目の専門職としてかかわるようになりました。

何が「問題」か？

　「多問題家族」への支援は，家族の複数のメンバーを対象として同時並行的におこなわれます。ですが，ここでは，便宜上，まずAさんに焦点を当てて論じていきたいと思います。

　支援開始当初，わたしは，ナラティヴ・アプローチにもとづいた支援をおこなう予定はありませんでした。なぜなら，AさんとBちゃんの家族への支援には明確な目標が設定されていたからです。それは，Aさんにデイサービスに通ってもらうことで，専業主婦の母親Cさんの介護負担を軽減し，Bちゃんとかかわる時間を増やすことで，Bちゃんに学校に行ってもらうように，複数の専門職で支援をおこなうというものです。このような「外部の社会資源を活用しつつ，多職種が連携して支援する」というアプ

ローチは，不登校と介護拒否という多問題家族への支援をするうえで，それほど間違ったものではありません。

　まず，わたしに与えられた役割は，デイサービスに行きたがらないAさんを「説得」し，デイサービスに行かせるというものでした。デイサービスを活用することで，Aさんのお風呂に入るという課題を解決し，母親の介護負担が軽減されることを目指したのです。わたしは，Aさんとの信頼関係を築きつつ，デイサービスに行くように「説得」を試みました。たとえば，デイサービスは楽しいレクリエーションがあり，お風呂に入ってさっぱりできる素晴らしい場所である，ということを繰り返し説明しました。

　しかしAさんは，まったくデイサービスに行こうとしません。Aさんは，「わたしは，行かない」，「絶対に行くもんか」，「嫌だ，行かないよ」と主張し，頑なにデイサービスに行くことを拒みました。わたしは，なおも粘り，「デイサービスっていうのは，学校みたいなところです。スクールバス（デイサービスの送迎車）が迎えにくるので乗ってみましょうか」と促してみました。しかし，Aさんは，その提案に乗ることはありませんでした。「嫌だ。絶対に行かない」，「あんたわたしを騙そうとしているのかい。すべてお見通しだよ。騙されやしないよ」と厳しい言葉を投げかけてきました。Aさんは認知症です。しかし，明確に自分の意思で，デイサービスに通うことを拒否しているのです。

　このような経緯で，わたしに課せられた「Aさんにデイサービスを利用してもらうよう説得する」という支援計画は「失敗」に終わります。なお，Aさんを「説得」する同様のアプローチは，職種，年齢，性別の異なる複数の専門職がおこなっていますが，同じく「失敗」しています。

　わたしは，この支援の「失敗」をきっかけに，ナラティヴ・アプローチにおける「無知の姿勢」の視点から，Aさんへの支援を問い直してみました。そもそも，Aさんにとって，何が「問題」だったのかという根本的な部分に焦点を当てたのです。すると，奇妙なことが浮き彫りとなってきました。「デイサービスの利用に対して拒否的である」というのは，じつは，

Aさんにとっては，まったく「問題」ではなかったのです。Aさんにとっては，昼間も住み慣れた自宅ですごすことが心地良いことであり，デイサービスに行くということはAさんにとってのニーズや課題ではありません。

　それでは，Aさんの介護拒否は，誰にとって「問題」として映ったのでしょうか。それは，Bちゃんの家族への支援をおこなっている，わたしを含めた9名の専門職です。「デイサービスの利用を拒否しているのは問題だ」ということは，Aさん本人や，介護をしている専業主婦のCさんを含めて，Bちゃん一家の誰も言ってはいなかったのです。このことを口にしたのは，Bちゃんの家族への支援に携わる，周囲の人々だけでした。もちろん，デイサービスに行き，そこでお風呂に入れてもらうことは，Aさんにとっても衛生的で良いことです。しかし，Aさんは，それを望んでいません。

　このように考えてくると，Aさんは，じつは解決すべき「問題」をかかえていないことに気づきます。Aさんにとっては，デイサービスにも行かず，お風呂にもほとんど入らない現状の生活には，なんの不満も感じていなかったのです。そのような生活を「問題だ」と言ったのは，Aさん本人ではなく，周囲の人々だったのです。

「問題がない」ということ

　Aさんにデイサービスを利用してもらうという「支援計画」は，すでに見たようにうまくいかず頓挫しました。もはやAさんをデイサービスに行くように「説得」するというような「支援」はできません。Aさんへの支援を一から見直す必要がでてきました。そこでわたしは，まずAさんの語りに耳を傾け，ナラティヴ・アプローチ的な言語的介入を目指しました。

　一般的にナラティヴ・アプローチを用いた支援でまずおこなうのは，「問題の外在化」です。言語的なやりとりを通してクライエントがかかえている「問題」に揺さぶりをかけ，クライエントから「問題」を切り離すという方法です。問題が外在化されることにより，クライエントは自らの

「問題」を整理し，客観的に向き合うことが可能になります。

　しかし，すでに見たようにAさんは，「問題」をかかえていません。デイサービスに行かないということは，周囲にとっては「問題」だったかもしれませんが，Aさん自身にとっては，そもそも「問題」ではなかったのです。Aさんと面接をしていても，「○○に悩んでいる」，「○○で困っている」という「問題」を語ることはありません。Aさんにとっては，現状の生活をこのまま継続することがニーズであるように思われました。

　これはソーシャルワークの実践にナラティヴ・アプローチを応用する際の注意点といえるでしょう。ソーシャルワークの場合，施設や機関の面接室で面接をおこなうことはあまり多くありません。多くの場合，クライエントの自宅を訪問して面接をおこないます。面接室に訪問するクライエントの場合であれば，「問題」は比較的明確です。クライエントが「問題」を自覚し，それをなんとか解決しようと思うからこそ，わざわざ自ら面接室を訪れているのです。しかし，訪問面接（アウトリーチ）を主とするソーシャルワークでは，クライエントが，「問題」を自覚していないケースも頻繁に見られます。Aさんの場合もそうでした。ナラティヴ・アプローチを用いて外在化すべき「問題」は見つからなかったのです。

　そしてまた，Aさんへのナラティヴ・アプローチを難しくさせたのは，Aさんが認知症を患っていたことです。認知症を患っているクライエントへのナラティヴ・アプローチには，本質的な難しさがあります。ナラティヴ・アプローチは，支援者がクライエントの個人的な物語に言語的な介入をおこなうことで，クライエントが問題と向き合い，新たな可能性や希望を発掘する方法です。このアプローチの重要な点は，クライエント自身が，自らの問題を整理し，新たな可能性や希望に気づくことが必要です。そのためナラティヴ・アプローチでは，クライエントのある程度の論理的な思考力，言語能力を必要とします。認知症患者の場合，こうした能力が不十分であるため配慮が必要です。

　とくにAさんの主な認知症の症状は，記憶障害です。Aさんは，日常的

な出来事を記憶にとどめておくのが困難です。たとえば，わたしは複数回訪問をしていますが，わたしの顔と名前は覚えてもらえません。そして，60年，70年前の思い出話を聞かせてくれます。その思い出話の内容はいつも同じです。何度訪問しても，Aさんにとっては初対面の訪問客です。いつも同じ内容を語ってくれます。

「繰り言」への注目

　一般的にいえば，Aさんは，提供する支援に対して拒否的なクライエントです。また記憶障害があり，繰り言という「問題行動」のある認知症患者です。このようなクライエントに対してはどのような「支援」が可能でしょうか。

　Aさんは，「問題」を明確に語ることはありません。自らがかかえている「問題」に苦しんでいる様子もありません。「問題」をかかえていないクライエントに対して，ナラティヴ・アプローチによる「問題の外在化」をおこなうことに積極的な意味はありません。しかし，Aさんは，60年，70年前の思い出話を分厚く語ることができます。それはナラティヴ・アプローチ的にいえば，Aさんが強くこだわっている物語といえるでしょう。この分厚い物語に耳を傾けることは，閉塞状態にあるAさんに対する支援につながる可能性があります。

　それでは，Aさんが強くこだわっている物語である「繰り言」の内容に目を向けたいと思います。Aさんが語る繰り言は，どれも60年，70年ほど前の記憶にもとづいた思い出話です。しかし，それはたんなる過去の物語ではなく，現在の生活につながる物語なのです。その物語は，たとえば，以下のように語られます。

　　Aさん――昔は，自動車なんてなかったから，学校も遠くまで歩いて
　　　　　　通った。今みたいにトラックなんて便利なものもないから，重
　　　　　　い荷物もリアカーで運んだ。とても大変だったけど，おかげで

今でもわたしの足腰はしっかりしている。庭の草むしりだって，ぜんぶわたしがやっている。それなのに今の若いのは，すぐ自動車を使う。ずいぶん楽をしている。これでは軟弱になる。

　この内容は，わたしが訪問するたびに，ほぼ同様に繰り返し語られるものです。ここで語られる内容について確認をとると，必ずしも正確ではない部分も含まれています。たとえば，「庭の草むしりだって，ぜんぶわたしがやっている」というのは，事実とは異なります。たしかに，もともと庭いじりが好きで，10年ほど前には庭の草むしりを精力的にやっていた時期もありました。でも現在は，庭に出ることはほとんどなくなっています。こうしたクライエントの物語は，一般的には「"嘘"の紛れた繰り言」と判断され，軽視されてしまうかもしれません。しかし，ナラティヴ・アプローチの観点からいえば，「昔は苦労したけど，今の若い人は楽をして軟弱だ」というAさんがこだわっている物語を補強する，大切なエピソードといえるでしょう。

認知症患者とどのように「面接」をするのか？
　さて，ナラティヴ・アプローチを用いて，この繰り言にどのようにアプローチするかというのはなかなか難問です。これは一般的なクライエントが語る物語ではなく，記憶障害のある認知症患者の語る繰り言です。Aさんは，わたしが何度訪問しても，初対面だと思い，文字どおり同じ内容の物語を繰り返し語ります。そのためわたしが，いかにこの物語への言語的介入をおこなっても，Aさんは，そのことを記憶しておくことはできないのです。
　そこでまず，わたしがとった態度は，支援の目標を放棄するということでした。具体的には，ナラティヴ・アプローチで一般的におこなわれる「こだわっている物語」からこぼれ落ちる「もう一つの物語」を発見し，その二つの物語のバランスを調整する，という複雑な作業をクライエントに

求めない，ということです。こうすることで，繰り言のある認知症患者であっても「面接」は十分に成立します。

　また，もう一つ重要なこととして訪問面接の位置づけも変更しました。具体的には，各回の訪問を，長期的な支援計画の一部としてではなく，「今，ここ」という，その場かぎりの面接として位置づけました。何回目の訪問であっても初回訪問と同じように，自己紹介からはじめ，繰り言にていねいに耳を傾けることにしました。こうすることで，つぎの訪問面接のとき，クライエントが支援者のことを覚えていなくても，同じ話を繰り返したとしても「問題」ではなくなりました。

　このような態度を採用するには少し勇気と覚悟が必要です。なぜなら支援の目標や計画を重視する「専門的支援」とは対立するものです。そしてそれは，一見，「支援」それ自体を放棄する無責任な態度に映るかもしれません。ここでは支援者であるはずのわたしは，もはや支援者ではなく，クライエントであるはずのAさんも，もはやクライエントではないのです。

　しかし，このような態度をとることは，おそらく唯一，Aさんとの「面接」を成立させる方法だったといえるでしょう。この態度は，「専門的支援」から距離をとることで，支援者とクライエントの不均衡な力関係から自由になることを可能にしてくれます。これこそ，すでに見てきたナラティヴ・アプローチにおける「無知の姿勢」とよぶことができるでしょう。

物語の「揺らぎ」への注目

　ところで，このような態度をとる場合，もはや支援者ではなくなった「支援者」は何をすればいいのでしょうか。ただ漫然とクライエントの話に耳を傾けるだけでいいのでしょうか。クライエントとのより良い支援関係を築くという意味では，それで十分かもしれません。しかし，それでは一般的な「傾聴」とあまり変わらなくなってしまいます。ソーシャルワークとしてナラティヴ・アプローチを実践するうえでは，もう少し「工夫」する必要があるでしょう。

わたしは，Ａさんが認知症患者であるということを踏まえた「工夫」をおこないました。それは，わたしの記憶でクライエントの記憶を補うことでナラティヴ・アプローチでいう「例外の発見」をおこなうことです。
　Ａさんの繰り言は，文字どおり同じ話が何度も繰り返されます。しかし，この繰り言に対して注意深く耳を傾けると興味深いことに気づかされます。それは，繰り返される「同じ話」は，じつは「まったく同じではない」ということです。語られる物語にはある程度の「揺らぎ」があるのです。
　この物語の揺らぎにはいくつかの種類があります。このことを具体的に見ていくために，さきほど確認したＡさんの典型的な繰り言に注目したいと思います。

> Ａさん――昔は，自動車なんてなかったから，学校も遠くまで歩いて通った。今みたいにトラックなんて便利なものもないから，重い荷物もリアカーで運んだ。とても大変だったけど，おかげで今でもわたしの足腰はしっかりしている。庭の草むしりだって，ぜんぶわたしがやっている。それなのに今の若いのは，すぐ自動車を使う。ずいぶん楽をしている。これでは軟弱になる。

　この「繰り言」は，訪問するたびに何度も繰り返し語られる物語です。毎回，ほぼ同一の内容が語られるわけですが，じつは，その内容は毎回少しずつ異なっています。
　たとえば，「学校も遠くまで歩いて通った」という内容の詳細は，毎回異なります。「１時間かけて通った」というときもあれば，「２時間かけて通った」というときもあります。また，「距離は10キロあった」というときもあれば「距離は20キロあった」というときもあります。また，「足腰が強い」ということを具体的に説明するエピソードとして，「庭の草むしり」が使われることが多いのですが，それが，「農作業」に変わることもあれ

ば,「子育て」に変わることもあります。

　このような首尾一貫していない物語の揺らぎを耳にすると,通常は,どれが本当のエピソードかという点に関心が向けられるかもしれません。しかし,ナラティヴ・アプローチの立場からいえば,どのエピソードもAさんにとっては意味のある大切なものです。そのため,わたしは,すべてのエピソードに対しても,先入観をもたず興味をもちながら耳を傾けました。たとえば,「庭の草むしり」が語られたときには「草むしりは,腰を曲げるから大変でしたね」と反応し,「子育て」が語られたときは,「1人を育てるのも大変なのに,4人の子どもを立派に育て上げるなんて凄いですね」と反応することで,より深い語りを引き出すことを目指しました。

「希望」を発掘し,共有する

　このような面接を続けていくなかで,Aさんは,典型的な繰り言とは少し違う揺らいだ物語を語るだけではなく,まったく正反対の物語を語ることがありました。ナラティヴ・アプローチの言葉でいえば,「こだわっている物語」とは矛盾する「もう一つの物語」としての希望を語ったのです。それは具体的には,「今の若者(嫁)は軟弱だ」という趣旨の「こだわっている物語」とは矛盾する,「(嫁であるCさんには)いろいろ世話になって有難い」という趣旨の「もう一つの物語」です。嫁に対しては,いつも否定的な内容ばかりを語るAさんですが,このときは感謝の物語を語ったのです。

　Aさんがこの感謝の物語を語ったのは一度だけです。認知症であるAさんは,この次回の面接のときには,この物語を語ったことを覚えていません。いつもと同じように嫁に対する否定的な内容の話を繰り返すばかりです。わたしは,再び感謝の物語を語ってもらうように働きかけました。そして,その物語がAさんの中でより分厚いものになるように言語的に介入をおこないました。しかし,それらの試みはことごとく失敗しました。認知症患者であるAさんの否定的な繰り言を,感謝の物語に「書き換える」

ことは困難だったといえるでしょう。

　しかし，たった一度でも感謝の物語を語ったということは，わたしの記憶には鮮明に刻まれています。この物語を言語的介入によってAさんの中で膨らませることはできなくとも，周囲の人々と共有することは可能です。わたしは嫁であるCさんにこの話を伝え，感謝の物語の共有をおこないました。わたしは，Aさんとの面接が終了したあと，Cさんとつぎのようなやりとりをしています。

　　筆者——Aさんは，いつもは厳しいことをおっしゃっているけど，たまには優しい言葉をかけてくれることもあるんですか？
　　Cさん——そんなことは今まで一度もありません。いつも厳しい言葉ばかりです。
　　筆者——そうですか。でもじつは今日の面接で，「Cさんに世話になっている」という感謝の言葉をおっしゃっていたんです。
　　Cさん——え，ほんとですか。そんな言葉，今まで一度もかけてもらったことはありません。
　　筆者——あ，そうでしたか。でも本当におっしゃっていました。
　　Cさん——なんだか，少し救われた思いです。

　Aさんは，その後の面接でも，相変わらずCさんに対する否定的な物語を繰り返しています。この「否定的な物語」に対するAさんのこだわりは強く，それを「感謝の物語」に書き換えることはできませんでした。しかし，新しく発見された「感謝の物語」を，介護者であるCさんと共有することができました。筆者は，Cさんと面接をするたびに，Aさんは，「否定的な物語へのこだわりが強いが，感謝の物語をもっている」ことをCさんに伝えました。こうしてCさんとの面接を続けていくなかで，Cさんの中で，「否定的な物語」と同時に「感謝の物語」をもつ人として，つまり「複雑な物語」の持ち主としてAさんが位置づけられるようになりました。そ

して，Cさんはつぎのように語るようになりました。

 Cさん——おばあちゃん（Aさん）は，口は悪いけど，ほんとは良い人なんです。たぶん寂しいんだと思います。

 すでに見てきたように，記憶障害がある認知症患者へのナラティヴ・アプローチは容易ではありません。しかし，「繰り言」にていねいに耳を傾けるなどの工夫しだいでは，認知症患者本人から新たな物語を引き出すことは可能です。そしてその物語を介護者と共有することで，新たなより良い介護関係を築く可能性があるといえるでしょう。

│3│ 不登校児の物語をつむぐ

「問題」と向き合うということ
 以上では，「多問題家族」への支援のうち認知症のAさんへの支援について見てきましたが，今度は，不登校のBちゃんへの支援に焦点を当ててみていきたいと思います。Bちゃんへの支援は，Aさんへの支援と同時並行的におこなわれました。最初のうちは，Aさんへの支援の比重が大きかったわけですが，徐々にBちゃんのほうへ支援の比重が移っていきました。
 Bちゃんへの支援については，支援開始当初からナラティヴ・アプローチが有効であると考えられました。なぜなら，Bちゃんは，Bちゃんにかかわるほぼすべての人から「不登校」というラベルを貼られ，「問題」として受け止められていました。そして，Bちゃん自身も，自分が「不登校」であることを「問題」として受け止め，そこから抜け出ようと懸命になっているように思われました。ナラティヴ・アプローチを用いることで，Bちゃんの「不登校」という「問題」に揺さぶりをかけ，Bちゃんから切り離し「外在化」することは，一般的に考えれば，支援的なかかわり方とい

Ⅲ　多問題家族を支援する

えるでしょう。

　しかし，Ｂちゃんはまだ11歳の児童です。ナラティヴ・アプローチを用いて言語的介入をおこない，自らの「不登校」という「問題」と向き合わせることの負担は小さくありません。Ｂちゃんは，「問題」を語ろうとはしませんでした。わたしがそれとなく「問題」の輪郭に触れる話題をふっても，Ｂちゃんは話題を別の内容に切り替えました。現在進行形で続いている「不登校」という「問題」にＢちゃんを向き合わせることは，そのときのＢちゃんにとっては，支援的とはいえません。むしろ，触れられたくない傷口を広げる暴力的な行為といえるでしょう。

　このことは，すでにＡさんへの支援のところで述べましたが，訪問面接を中心とするソーシャルワークの実践においてナラティヴ・アプローチを用いる際の注意点といえます。一般的に，支援施設・機関の面接室を訪問して面接を受けるクライエントは，自らがかかえる「問題」を自覚し，その「問題」からの回復を願っています。しかし，訪問面接で支援をおこなうクライエントの多くは，自らの「問題」を自覚していません。「問題」と向き合い，「支援」を受け入れるだけの心の準備ができていないのです。

　ナラティヴ・アプローチにおける問題の外在化では，クライエントに染み込んでいる「問題」を問い直すように面接をおこないます。そこでは，「なぜ，学校に行かないのですか？」といった「問題」の原因や理由を問う質問はおこないません。こうした質問は，クライエントの「問題」を強化してしまう危険があるからです。ナラティヴ・アプローチでは，「そのこと（不登校）はあなたにとってどのような経験ですか？」，「そのこと（不登校）があなたにどのように影響を与えますか？」という質問をおこないます。しかし，こうしたナラティヴ・アプローチの代表的な質問方法が有効なのは，「問題」に向き合うことのできるクライエントの場合です。そうでないクライエントの場合は，「支援」を通してクライエントを傷つけることにもなりかねません。

「支援しない」という支援

　このような「問題」と向き合うのが難しいＢちゃんには，どのような「支援」をおこなえばよいでしょうか。少なくとも現状では，「問題」と向き合わせるようなアプローチは避ける必要があるといえるでしょう。それではＢちゃんにとってより良い支援的なかかわりとはどのようなものでしょうか。

　わたしは，さきほど見たＡさん以上に，「無知の姿勢」をとることが必要だと考えました。ここでいう「無知の姿勢」とは，支援者が支援を提供し，クライエントがその提供された支援を受けるという非対称な支援関係から距離をとることです。

　Ｂちゃんは，すでにたくさんの専門職から手厚い「支援」を受けています。養護教員からは保健室登校をうながす支援を受け，担任の教員からは勉強についての支援を受け，保健師からは発達に関する支援を受けています。しかし，このような手厚い「支援」は，Ｂちゃんにとっては，かえって負担になっているといえるでしょう。誰かの「支援」を「受ける」ということは，その都度，自分の「不登校」という「問題」に向き合うことを要求するからです。実際，「支援者」が増え，「支援」が手厚くなるほど，Ｂちゃんの状況は深刻になっていくように思われました。「支援」をおこなえばおこなうほど，Ｂちゃんの「問題」は強化されていったのです。このような状況にあるＢちゃんにとって，わたしが９番目の「支援者」として，専門的な「支援」をおこなうことは，Ｂちゃんをいっそう追い込むことになりかねません。

　わたしが「無知の姿勢」の立場からとった行動は，「支援しない」ということです。専門的な助言や指導をおこなわないのはもちろんのこと，「不登校」についてはわたしからは一切，話題にしないようにしました。「不登校」とは関係のない，Ｂちゃんの趣味や日常生活について話題にしました。たとえば，Ｂちゃんがペットとして飼っているハムスターや，好きなテレビ番組，趣味のお菓子作りについて話題にしました。このような，Ｂ

ちゃんへのかかわり方は，Bちゃんにとって十分に支援的であったかどうかは別として，少なくともBちゃんを傷つけ，困難を深めることを回避することにつながったといえるでしょう。

こうした「無知の姿勢」によるかかわりにより，「支援者」と「クライエント」という専門的な支援関係に"密輸入"される力の優劣は解消されます。そこでのわたしとBちゃんは，非対称的で入れ替え不可能な関係ではありません。わたしは，Bちゃんが話題にするペットやTV番組，お菓子作りについて「質問」することがありますが，逆にBちゃんもわたしの仕事などについて「質問」することもあります。つまり，わたしとBちゃんはその役割を入れ替えることが可能な対称的な関係にあります。そこでのわたしは，専門的な支援を提供する「支援者」ではありません。そして，Bちゃんも一方的に支援の提供を受ける「クライエント」ではないのです。

「支援しない」ということは，Bちゃんがかかえる「不登校」という「問題」にも影響を与えます。すでに見たように，Bちゃんの「問題」は，「支援」を通して解消されるのではなく，「支援」を通して強化されていたと考えることができます。そのため，「支援しない」というかかわりは，Bちゃんの不登校という「問題」は，わたしにとっても，Bちゃんにとっても，もはや「問題」ではなくなっていきました。

このような支援の初期段階における「支援しないという支援」のあり方は，その後の支援の展開を支援的に進めるうえで重要な役割を果たすことになります。

「無知の姿勢」だけでいいのか？

このような訪問面接を継続的におこなうことで，Bちゃんは，徐々に日常の出来事を分厚く語ることができるようになりました。「無知の姿勢」にもとづいた訪問面接により，Bちゃんは，「不登校」という「問題」から少し自由になったと考えることができるでしょう。そして，重要なことですが，このようなBちゃんとのかかわりは，支援をする側であるわたしに

も影響を与えました。わたしは,「支援者」として「問題を解決しなければならない」という役割から自由になっていきました。

　Bちゃんとかかわりはじめた当初,わたしは,少なからず「学校に行けない」という「問題」をかかえた児童としてBちゃんと接していました。より正確にいえば,わたしはそれ以上の情報をもっていませんでした。しかし,「無知の姿勢」にもとづいた面接を重ねることで,より多くのBちゃんに関する情報を得ることができるようになりました。Bちゃんには,ペットのハムスターをとても可愛がっている「動物好き」という側面や,家族を題材にしたTV番組の好きな「家族想い」いう側面,そして「料理が得意」という得意分野があることを知りました。こうした新しく知った情報は,「学校に行かない」ということが,複数あるBちゃんの特徴の一つにすぎないことを気づかせてくれました。Bちゃんの「不登校」という「問題」の影響力は,徐々に弱くなっていきました。

　以上のような,「無知の姿勢」にもとづいた面接は,クライエントと一定の関係を築き,クライエントのより多くの情報を得るうえではとても有効です。そして,クライエントに対し,「問題」について「聴かない」ということは,「問題」からクライエントを解放する場を提供するという意味において支援的といえるでしょう。たとえ,一時的にではあっても,「問題」を相対化し,その影響力を弱めることができます。

　しかし,このような「無知の姿勢」にもとづいた面接は,「いつまで」おこなえばよいのでしょうか。わたしは,こうした面接をえんえんと続けることは,クライエントとって十分に支援的であるとは考えていません。

　もちろん,「無知の姿勢」による面接は,クライエントを傷つける危険性が大幅に低減します。また,クライエントとの一定の関係を築き,一時的にクライエントを「問題」から解放するうえで有効です。しかし,クライエントには,面接が終わった後には,いつもの「問題」に満ちた日常が待ち受けています。支援者は,クライエントが自らの「問題」にどう向かうかというテーマから目を背けることはできないのです。

そのために必要なことは，より積極的な介入です。ナラティヴ・アプローチの立場からいえば，クライエントの「物語」に支援者が介入することを意味します。これは，「無知の姿勢」のアプローチとくらべると，クライエントを傷つけるリスクが高まります。しかし，この対応を抜きにしては，クライエントが自らの「問題」と向き合うことは困難といえるでしょう。

「勉強が嫌い」という物語
　クライエントの「物語」に介入する方法として，注目されるのは「例外の発見」です。これはすでに見てきたように，ホワイト＆エプストンが用いた手法です。この手法では，クライエントの「問題」が染み込んだ「こだわっている物語」とは矛盾する，「もう一つの物語」を見つけることが求められます。「もう一つの物語」を見つけることで，クライエントの「問題」は，たんに薄まるだけでなく，新たに肯定的な要素を帯びることができます。この「例外の発見」についてBちゃんの事例を通して具体的に見ていきたいと思います。
　Bちゃんは周囲の人に「不登校」という「問題」をかかえていると思われています。このことは，すでに見てきたように本質的に「問題」であるというよりも，「不登校は問題である」という周囲の人の視線や言葉によって強化されている側面があります。また近年の不登校論では，「不登校」を「問題」としてとらえるのではなく，「学校に行かない」という選択肢として積極的に位置づける動きもあります。このような立場からいえば，「不登校」は，「問題」ないものとして論じることができるかもしれません。
　しかし，「学校に行かない」という選択をした場合，やはり心配になるのは「学習の遅れ」です。通常の義務教育を受けないということは，学力が著しく低下してしまうという意味において「問題」といえるでしょう。このことは，「支援者」という立場から「不登校」という「問題」に向き合ううえで非常に気になる点です。「学校に行かない」という選択に問題性

はないとしても，学力の低下は，子どもの将来の夢や希望をせばめる可能性が高いという意味において「問題」と考えられます。

　Bちゃんの学習面の支援については，学校側がていねいに対応しています。担任がBちゃんの家を定期的に訪問し，一週間分の学習内容を伝え，課題のプリントを手渡しています。しかし，Bちゃんは，そうした課題に一切手をつけようとしません。Bちゃんはつぎのように強く拒否しています。

　　Bちゃん──（学校の）プリントはぜったいにやりたくない。（わたしは）勉強が嫌い。

　Bちゃんは，学校のプリントに取り組むことを強い言葉で拒否し，「勉強が嫌い」であるという物語を語りました。Bちゃんはこのことを分厚く語ることはありませんでしたが，自分を説得するように語るBちゃんの様子には，強い「こだわり」を感じることができました。ナラティヴ・アプローチの言葉でいえば，この「勉強が嫌い」という物語は，Bちゃんの「こだわっている物語」といえるでしょう。

　このBちゃんの「勉強が嫌い」という部分については，母親のCさんはとても心配しています。Cさんは以下のように言っています。

　　Cさん──最近はほとんど学校に行かなくなってしまいました。学校の先生が良い先生で，忙しいのに親身になって迎えに来てくれます。でも（Bちゃんは，学校に）行かない。せっかく持ってきてくれた宿題のプリントをビリビリに破いてしまうので，本当に申し訳なくて。学校の先生も「一問でもいいから，解けるところだけ解いて」と言ってくれるけど，一問も解いてくれない。

　同様の心配は，父親にもあります。父親は，あまり多くを語りません

が,「将来の進路を考えると心配」と言っています。つまり,母親も父親も,Bちゃんの「勉強が嫌い」ということについては,「問題」であると考えていることがわかります。Bちゃんの「勉強が嫌い」という物語は,家族間で共有されることで,より強くリアリティをもった「問題」としてとらえられていることが理解されます。

このようにBちゃんの「勉強が嫌い」という物語は,Bちゃんと家族にとって,強い負の影響を与えています。Bちゃんも家族も,この物語にこだわりをもち,そこから抜け出すことができない状況にあるといえるでしょう。このような物語の呪縛からBちゃんと家族を解放するためには,「勉強が嫌い」という物語に介入することが求められます。

例外の発見

ナラティヴ・アプローチでは,クライエントの「こだわっている物語」とは矛盾する「もう一つの物語」を見つけることが求められます。「もう一つの物語」を発見することは,「問題」として位置づけられた「こだわっている物語」の影響を薄め,クライエントの可能性を広げる支援をおこなっていくうえでの重要な転機となります。この意味における「もう一つの物語」の発掘は,クライエントが回復するうえでの希望となるのです。

ところが,支援者にとって,この「もう一つの物語」を見つけることは容易ではありません。「もう一つの物語」より優勢な「こだわっている物語」は,「もう一つの物語」を抑圧,隠蔽します。そのため,「もう一つの物語」は,「こだわっている物語」の影響が強すぎて見えにくくなっているのです。

それでは,このような見えにくい「もう一つの物語」を見つけるために,支援者はどうすればいいでしょうか。それは,「こだわっている物語」からこぼれ落ちる「例外」に着目することといえるでしょう。

一般的なナラティヴ・アプローチでは,クライエントによって語られる「こだわっている物語」に対して,支援者がさまざまな言語的な介入をお

こなうことで，そこからこぼれ落ちる「例外」を発見します。しかし，このようなアプローチは，ある程度の言語力，論理的思考力を，クライエントに対して求めます。クライエントは，「こだわっている物語」をさまざまな角度から語り直すなかで，「もう一つの物語」の片鱗としての「例外」を発見します。このプロセスは，支援者の助けを借りながら進行しますが，クライエントにも，自分の物語と向き合い，反省的に問い直し，その構造を論理的に理解するというかなり高度な能力が必要なのです。

　このような一般的なナラティヴ・アプローチの方法をBちゃんに適用するのはあまり適切とはいえません。Bちゃんはまだ11歳の子どもであり，自分の物語を分厚く語り，反省的に問い直すだけの言語力，論理的思考力を身につけていません。またBちゃんの場合，すでに見たように「不登校」という「問題」に関連する話題はあまり語ろうとしませんでした。Bちゃんに「勉強が嫌い」という物語を分厚く語ってもらい，支援者が言語的な介入をおこなうことは，そもそも困難ですし，Bちゃんを傷つけるリスクが高いといえるでしょう。

　このような場合，「言語」に依存しすぎない介入方法を用いてナラティヴ・アプローチをおこなうことが有効です。たとえば，子どもの場合は絵を描く（描画）ことによりクライエントの物語を紡ぎ，介入する方法があります。ナラティヴ・アプローチにかぎらず，カウンセリングの領域では，絵を描くという方法は比較的一般的な方法です。

　また，Bちゃんのケースのような訪問面接の場合は，クライエントの「私物」に注目するという方法も有効といえるでしょう。施設・機関の面接室でおこなう面接と異なり，クライエントの自宅を訪問しておこなう面接は，周囲に物語のヒントになる「私物」があふれています。たとえば，家族の写真が飾ってある場合もありますし，学校で作った工作や絵画が飾ってある場合もあります。机や棚，床などにもパソコンやヌイグルミ，そして勉強道具などの「私物」が置かれています。訪問面接においてナラティヴ・アプローチを用いる際は，こうしたクライエントの日常生活の多彩

な情報が詰まった「私物」にアクセスできることが大きな利点といえるでしょう。

わたしがＢちゃんを支援するケースでも，いろいろな「私物」を題材にＢちゃんの物語に介入しました。その中でも，Ｂちゃんの「こだわっている物語」からこぼれ落ちる「例外」として注目された「私物」は，通信教育の教材です。机の上に置いてあった通信教育のテキストを見せてもらうと，隅から隅までていねいに問題に取り組んでいました。また，通信教育の付録としてついてくる補助教材もボロボロになるまで使い込んであったのです。

わたしは，この通信教育の教材を手がかりにＢちゃんとつぎのようなやりとりをおこないました。

　　　筆者――凄いね。通信の教材，全部やってあるんだね。
　　　Ｂちゃん――うん。いつも全部やってる。
　　　筆者――そうなんだ。でも教材を隅から隅までやるってけっこう大変
　　　　　　　でしょ。
　　　Ｂちゃん――そんなに大変じゃないよ。楽しいから。
　　　筆者――え，凄い。大変じゃないんだ。
　　　Ｂちゃん――うん。
　　　筆者――この前，「勉強は嫌い」って言っていたけど，本当は，勉強が
　　　　　　　好きなんだね。
　　　Ｂちゃん――うん。勉強は好きだよ。嫌いなのは学校のプリント。

ここで得られたＢちゃんの「勉強が好き」という発言は，「勉強が嫌い」という物語と矛盾する「例外」です。机の上に置いてある通信教育の教材を手がかりに，言葉数の少ないＢちゃんから，「勉強が好き」という希望を掘り起こすことに成功しました。

物語の語り直しと共有

　これまで見てきたように，Ｂちゃんと家族は，Ｂちゃんが「勉強が嫌い」であるという「問題」をかかえています。この「勉強が嫌い」という「物語」は，Ｂちゃんと家族にとっての「こだわっている物語」です。そして，面接を重ねていくなかで，その「こだわっている物語」とは矛盾する「勉強が好き」という「もう一つの物語」の端緒を見つけることができました。Ｂちゃんは，当初，「勉強は嫌い」と言っていたわけですが，その内実は，「学校の勉強は嫌い」ということであって，勉強すべてが嫌いではないということがわかってきました。

　「勉強は好き」というＢちゃんの発言を契機として，Ｂちゃんの「不登校」という問題を帯びた負のラベルは徐々に剝がれていく可能性があります。Ｂちゃんは，勉強が嫌いで学校に行かないわけでは「ない」ことが明らかになったからです。

　しかし，まだこの段階のＢちゃんは「勉強が好き」という物語よりも「勉強が嫌い」という物語のほうが優勢です。「勉強が好き」という「もう一つの物語」は，Ｂちゃんにとってリアリティのあまりない，小さな物語でしかないのです。

　Ｂちゃんは以下のように言っています。

　　　Ｂちゃん──通信の勉強はできても，学校の勉強をするのは嫌。よくわからないけど，学校の勉強はやる気にならない。

　まだこの段階では，「勉強は好き」という物語は，力の弱い状態です。このまま何もせず放っておけば，せっかく見つけたＢちゃんの希望は，力の強い「こだわっている物語」に飲み込まれ，押しつぶされてしまう危険があります。

　このようなＢちゃんに対して，ナラティヴ・アプローチの立場からおこなうべきことは，「学校の勉強は嫌い」という物語に焦点を当て，「なぜ，

学校の勉強はやる気にならないの？」などとその原因や理由を探ることではありません。逆に，「通信の勉強は好き」という物語に焦点を当て，Bちゃんの「勉強が好き」という物語を分厚くしていくことが必要です。「勉強が好き」という物語をBちゃんと共有しながら分厚くしていくことで，十分に力をもったリアリティのある物語へと変化させていくことが求められます。

　たとえば，「国語，算数，理科，社会の4教科でどの科目が一番好き？」ということを尋ねると，「理科が好き」という返答がありました。そこでわたしは「理科のどのようなところが好き？」，「理科といっても，草花とか，実験とかいろいろあるけど，その中でとくに好きなのは？」などの質問を重ねていきました。また，添削課題やテストの結果を見せてもらい，「凄い。今回も満点だね。理科は本当に得意なんだね」というように肯定的な言葉がけをおこないました。

　このような，「勉強が好き」という物語に焦点を当てた面接を重ねることで，それまで力の弱かった「勉強が好き」という物語は，徐々に力のある物語へと変化していきました。そのうちBちゃんは，わたしが質問しなくても，「この前の通信のテストで，理科は100点とったよ。やっぱり理科は好き」と自ら率先して語るようになりました。

　この段階になると，「勉強が好き」という物語は，介入当初よりも力のある物語に成長しています。「勉強が嫌い」という「こだわっている物語」と対等に渡り合えるほどのリアリティを獲得したといえるでしょう。

　しかし，注意しなければならないのは，この「勉強が好き」という物語がリアリティをもちうるのは，Bちゃんとわたしの二者間に限定されるということです。訪問面接が終わった後，Bちゃんがこの物語を維持していくためには，Bちゃんの身近にいる複数の人に「勉強が好き」という物語を共有してもらい，「証人」になってもらう必要があります。

　まず，わたしはBちゃんのもっとも身近な存在である母親Cさんとの物語の共有を図りました。たとえば，以下のようにCさんに語りかけていま

す。

> 筆者——Bちゃんは,今は学校には行くことができないけど,勉強することは好きなんだと思います。たぶん学力も高いのではないでしょうか。通信教育の問題を隅から隅まで解ける子ってそんなにいないと思います。学校のプリントよりも難しい内容まで解いている。学校のプリントは,Bちゃんにとっては簡単すぎるのかもしれませんね。

Bちゃんが「勉強が嫌い」という物語は,Bちゃんにとっても「こだわっている物語」ですが,母親のCさんを含めた家族にとっても「こだわっている物語」です。この「こだわっている物語」に対して,「もう一つの物語」としての「勉強が好き」という物語を繰り返し提示することで,徐々にですが,CさんのBちゃんへの接し方も変化していきました。
　Cさんは,謙遜しながらも,つぎのように言っています。

> Cさん——うちの子は,たしかに学校には行けないけど,勉強が嫌いなわけではないんです。通信の勉強は頑張っている。けっこう努力していると思います。

訪問面接を開始した当初,Cさんは,「不登校」を「問題」として受け止め,Bちゃんが学校に行くことを強く望んでいました。しかし,Bちゃんの「勉強が好き」という「もう一つの物語」をCさんと共有するなかで,Cさんの認識は徐々に変化していきました。そして,「不登校」を「問題」として決めつけてとらえるのではなく,「学校には行けないけど,勉強が嫌いなわけではない」というように柔軟に受け止めることができるようになりました。
　Bちゃんのもっとも身近な母親Cさんと,「もう一つの物語」を共有で

きたことは，Bちゃんにとって，とても大きな意味をもっていました。このことにより，Bちゃんは，家族のなかに「もう一つの物語」を理解する新たな「証人」を得たことになります。Cさんは，Bちゃんに学校に行くように強く促さなくなりました。そして，Bちゃんが学校のプリントをやらないことを叱らず，通信の勉強を頑張っていることを褒めるようになりました。

その後，Cさんは，この物語の共有を，家族のメンバーであるBちゃんの父親やBちゃんの兄弟とも共有しました。そしてBちゃんの父親や兄弟も，Cさんと同様，Bちゃんが学校のプリントをやらないことを叱らず，通信の勉強を頑張っていることを褒めるようになりました。そして，家族内でBちゃんの物語を共有する「証人」が増えるにしたがい，Bちゃんは徐々に学校に通う日数が増えていったのです。

ここでの「支援」は，「不登校」という「問題」には直接焦点を当てていません。支援者は，「不登校」という「問題」の解消を支援の目標には据えていません。それどころかこの「問題」については一切話題にしませんでした。その代わり，「問題」の周辺にある「勉強が嫌い」という「こだわっている物語」への介入をおこない，「勉強が好き」という「もう一つの物語」を発掘し，Bちゃんや家族と共有しました。このようなかかわりは，結果としてBちゃんの「回復」につながったといえるでしょう。

「多問題家族」を支援するということ

ここで見てきたのは「多問題家族」への支援です。一般的に，「多問題家族」の支援で求められるのは，その家族が「問題」を複数かかえているということだけでなく，その「問題」が家族内で複雑に絡み合っているという認識です。家族という親密な集団では，個別の「問題」がばらばらに存在するのではなく，それぞれが影響を与え合っていると考えます。

この考え方からすると，一つの「問題」に焦点を当ててその「問題」からの回復を目指したとしても，別の「問題」の影響があるかぎり，その

「問題」が解消されることはありません。「問題」はいつまでも家族内にとどまり，維持されます。だからこそ，「多問題家族」への支援は，家族全体に焦点を当て，複数ある「問題」に対して一体的な支援をおこなっていく必要があるといえるでしょう。

　しかし，ナラティヴ・アプローチの立場から見ると，このような一般的な「多問題家族」の理解は，必ずしも適切とはいえません。むしろ，「複数の問題をかかえ，それが複雑に絡み合っている家族」という理解こそが，家族に「問題」を埋め込むと考えます。そして，支援者がその「問題」に焦点を当てて，それを取り除こうと支援すればするほど，家族の「問題」は深く，大きくなります。結果として，「問題」は，いつまでも家族のなかで維持されてしまうのです。

　これは，一般的なアプローチでは「多問題家族」への支援が難しいことと無関係ではありません。ここで取り上げた事例も，複数の専門職が支援にかかわっています。それぞれの立場からそれぞれの専門性をいかし，連携しながら支援にあたっています。ところが，家族の「問題」は改善するどころか，ますます深刻になるように見えました。そして，「問題」が深刻化するたびに，新たな支援者が参加して，新たな支援をおこない，問題を深めていったといえるでしょう。「多問題家族」への支援は，このような悪循環に陥っていることが多いのです。

　ナラティヴ・アプローチは，このような「多問題家族」に対して，一般的なアプローチとは異なる見立てをします。ナラティヴ・アプローチでは，まず，一般的にいわれる「多問題家族」という認識から自由になることから出発します。そして，「多問題家族」とは，支援者による「一つの物語」と考えます。それは実体をもたない，社会的な構築物であり，支援を重ねるなかで作り上げられた虚像として理解するのです。そのため，ナラティヴ・アプローチの立場から支援をおこなう場合は，「問題」をクライエントに上塗りするのではなく，「問題」をクライエントから引き剥がすようにかかわります。

ここで取り上げた「多問題家族」の事例でも，クライエントの「問題」を上塗りしないようにかかわりました。たとえば，Ａさんを一人のユニークな個人としてではなく，「認知症患者」と見なして支援していたとしたら，Ａさんはずっと「認知症患者」という「問題」を引き受けつづけなければならなかったでしょう。同様にＢちゃんを「不登校児」と見なして接していたら，Ｂちゃんはずっと「不登校児」という「問題」から抜け出すことはできなかったでしょう。

　このような立場をとるナラティヴ・アプローチは，「支援」それ自体に対しても禁欲的です。そこでは，「問題」を取り除くようにかかわることはありません。むしろ「支援しない」というような支援をおこなうのです。このようなかかわりこそが，結果として，Ａさんの問題行動を落ち着かせ，Ｂちゃんの回復につながったと考えられます。ナラティヴ・アプローチの立場からいえば，「問題」というラベルがＡさんとＢちゃんから剥がされ，「問題」から解放されたといえるでしょう。

　さて，ここで見てきた「多問題家族」への支援ですが，これで支援が終結したわけではありません。これまでは，支援者とクライエントという１対１の関係に焦点を当てたため，Ａさんへの支援とＢちゃんへの支援を別々に見てきました。しかし，それだけでは「多問題家族」への十分な支援とはいえないでしょう。ＡさんとＢちゃんへの支援を個別に見るだけではなく，家族全体に埋め込まれた「問題」を引き剥がしていくかかわりが必要です。

IV

グループで支え合う

1   当事者だから支え合えるのか？

セルフヘルプ・グループにおける言語的営み

　ナラティヴ・アプローチによる支援としてまず思い浮かぶのは，一人の支援者がクライエントを支援するものでしょう。すでにくわしく見てきた「困難事例」と「多問題家族」の事例でも，一人の支援者がクライエントを支援しています。そこでの支援の特徴は，支援者が「意図的」にナラティヴ・アプローチを用いているということです。

　ナラティヴ・アプローチを意図的に用いた支援は，一般的な支援とは大きく異なる特殊な考え方をします。たとえば，「無知の姿勢」という支援態度は，専門性にもとづいた支援とは大きく異なります。また，問題を外在化し，例外を発見し，周囲の人々と共有するという支援プロセスを理解することは容易ではありません。こうした特徴は，ナラティヴ・アプローチの難解さとして受け止められ，実践レベルでの普及の障壁ともなっています。

　しかし，「意図的」にナラティヴ・アプローチを使わなくても，わたしたちのまわりにはナラティヴ・アプローチと近い考え方をした支援実践は少なくありません。その一つとして注目されるのは，「セルフヘルプ・グループ」の実践です[28]。

　セルフヘルプ・グループとは，なんらかの困難をかかえた当事者による支え合いの活動を意味します。日本語では，「自助グループ」と訳されるのが一般的です。有名なものとしては，AA（アルコール・アノニマス）とよばれるアルコール依存症患者のグループがあります。ほかにも，吃音患者のグループ，がん患者のグループ，難病などの病気の人たちのグループ，薬物依存患者のグループ，摂食障害をかかえた人たちのグループ，ギャンブル依存症のグループ，子どもや配偶者を亡くした人たち，離婚した人た

ちのグループ，DV被害者・加害者のグループ，精神障害者のグループ，家族介護者のグループなどがあります。これ以外にも，さまざまな生きにくさをかかえる人々のグループが活動をおこなっています。生きにくさのバリエーションに応じて，セルフヘルプ・グループが組織されているといっても過言ではありません。

　それぞれのセルフヘルプ・グループでは当事者の視点から複数の活動をおこなっていますが，ナラティヴ・アプローチという関心から注目されるものは，定期的に開催される「交流会」とよばれる活動です（「集い」や「ミーティング」ともよばれます）。交流会では，5名程度から多くても十数名までの当事者が一つのグループ（小集団）を構成し，お互いの顔が見えるように車座になって座ります。そして，当事者ならではの経験にもとづいた率直な内容の意見交換がおこなわれます。

　セルフヘルプ・グループは，当事者によるインフォーマルな活動ではありますが，当事者ならではの支援効果があるとして，その重要性は増しているといえるでしょう。ソーシャルワークの実践をおこなううえでも，重要な社会資源として位置づけられます。

　このセルフヘルプ・グループでおこなわれている言語的なやりとりに注目すると，ナラティヴ・アプローチと似たようなかかわりがあることに気づかされます。具体的にいえば，「無知の姿勢」で傾聴しているように思われる場面や，問題を外在化しているように思われる場面があるのです。だからといって，セルフヘルプ・グループの参加者は，ナラティヴ・アプローチを意識しているわけではありません。ナラティヴ・アプローチ的なかかわりをとても自然におこなっているのです。

　すでに見てきたようにナラティヴ・アプローチによる介入は，一般的な常識とは異なる考え方をし，一般的な支援方法とは異なる立場をとります。そのため，この立場を維持しながらクライエントと向き合いつづけるために，支援者はナラティヴ・アプローチを強く意識する必要があります。クライエントの視点に立ち，いまだ語られなかった物語をつむいでも

らうというナラティヴ・アプローチには，細心の配慮と工夫が必要です。

　それでは，どのようにしてセルフヘルプ・グループは，ナラティヴ・アプローチと似たような支援を，意図せず，自然におこなっているのでしょうか。以下では，ナラティヴ・アプローチの立場から，セルフヘルプ・グループの仕組みを見たいと思います。

「当事者」とは誰か？

　ナラティヴ・アプローチの基本的な態度として「無知の姿勢」をあげることができます。これは，「当事者こそ専門家である」という言葉に象徴されるように，支援者の専門性を根底から覆すようなとてもラディカルな態度です。これは，当事者は自らが苦しんでいる「問題」の専門家であり，逆に支援をおこなう専門家は，当事者を前にしてできることは限られているということを意味します。この立場からすれば，専門職は無力です。しかし，そのことを自覚しつつ当事者にかかわりつづけることが求められます。

　この「無知の姿勢」は，当事者同士の支え合いをおこなうセルフヘルプ・グループにとても馴染みやすい考え方です。セルフヘルプ・グループで交わされる当事者の言葉は，それを聴いている他の当事者にとってとても有益です。専門家がおこなう助言や指導などの専門的な知識とは異なる，当事者ならではの経験にもとづいた知識のやりとりがおこなわれます。

　ところがセルフヘルプ・グループでは，意識的に「無知の姿勢」をとる必要性はありません。当たり前のことですが，セルフヘルプ・グループの参加者は，同じ悩みをかかえた当事者です。そこでおこなわれる「支え合い」の言語的なやりとりは，語る人も，その語りに耳を傾ける人も同じ立場にあります。そのため，参加者は，あえて「無知の姿勢」を自覚しなくても，それと同様の姿勢をもって悩みを聴くことができるのです。

　このようにセルフヘルプ・グループにおける支え合いの交流を成立させている大きな要因は，参加者が「当事者であること」といえるでしょう。

同様の経験を共有する「当事者」は，専門的なトレーニングを受けなくても「無知の姿勢」と同じ効果をもつ態度をとることができると考えられます。

　しかし，このようなセルフヘルプ・グループの理解には，大きな誤解が紛れ込んでいます。それは，セルフヘルプ・グループに参加する「当事者」が，すべて同じ経験を共有しているわけではないということです。厳密にいえば，特定の誰かと「まったく同じ経験」を共有する人は存在しません。さらにいえば，似たような経験を共有しているからといって，分かち合える保証はどこにもないのです。

　じつは，セルフヘルプ・グループでは，経験を共有できず，コンフリクト（対立）が生じることはめずらしくありません。たとえば，わたしがかかわっている認知症家族会でも，つぎのようなやりとりを目にすることがあります。

　　Aさん（男性）──同じ介護でも，男性の介護は大変。今まで介護なんてやったことないから，一から手探りでやらなければならない。ぼくらの時代の男性は，赤ちゃんのオムツを替えた経験もない。
　　Bさん（女性）──女性だからラクに介護ができるわけではないですよ。

　ここでは，男性であるAさんが男性による介護の大変さを主張しましたが，そこに女性と対比するようなニュアンスがあったためか，女性であるBさんが，女性も大変であることを主張し控えめな反論をしています。ここでは，どちらが大変かを競う「苦労くらべ」がおこなわれたと考えることができるでしょう。セルフヘルプ・グループの交流会で，このような「苦労くらべ」がおこなわれている状況では，参加者はそれぞれの苦労を分かち合うことはできません。逆に傷つけ合うことすらあります。

こうした対立が生まれてしまう背景には，すでに見てきた同じ経験を共有していないことがあげられます。男性による介護と，女性による介護は，当時者にとっては異なったものとして経験されているのです。
　このような介護者の性別の違い以外にも，経験の違いから対立が生まれるケースは，たくさんあります。たとえば，同じ女性の介護でも，嫁として介護するか，娘として介護するかという続柄による違いもあります。また，特別養護老人ホームへの入所を待ちつづける家族と，いつでも有料老人ホームに入所できる家族という経済格差の問題もあります。同じ認知症介護といっても，アルツハイマー型の患者を介護するのと，ピック病（若年性認知症）の患者を介護するのでは，その介護経験は大きく異なったものといえるでしょう。
　実際のセルフヘルプ・グループの運営では，こうした対立のマネジメントに細心の注意が払われています。その試みの一つとして，一般的な介護者の会とは別に，男性介護者の会が設立されることもあります。また，若年性認知症の会なども別に立ち上がっています。息子介護，娘介護の交流会を別々の日程で実施しているところもあります。このように家族会を細分化することは，参加者の経験の均質性を高めることから，共通の話題も増え，悩みを分かち合いやすい雰囲気を醸成するといえるでしょう。そして，「無知の姿勢」を自覚しなくても，他の参加者の語りに耳を傾け，グループの雰囲気に沿ったかたちで自分の経験を語ることができるのです。

「当事者ではない」ということ
　つぎに，まったく別の視点からセルフヘルプ・グループを見ていきたいと思います。それは，「当事者」ではなく，「非当事者」の視点です。
　当たり前のことですが，セルフヘルプ・グループにおける交流会の参加者の多くは「当事者」です。しかし，「当事者」ではない「非当事者」が交流会に参加することがあります。たとえば，わたしがかかわっている認知症家族会では，医師，看護師，介護支援専門員，介護福祉士，そして社会

福祉士などの専門職も同席することがめずらしくありません。セルフヘルプ・グループのなかには，こうした専門職が代表を務め，交流会の進行を担うファシリテーター（司会）の役割を務めることも少なくありません。

「非当事者」としての専門職は，「当事者」としての経験をもたないため，交流会の場に馴染むのは簡単ではありません。さらにいえば，専門職として身につけている専門性が邪魔をして，強いコンフリクトを引き起こすこともあります。そのため専門職は，自らの専門性と距離をとるために，ナラティヴ・アプローチでいう「無知の姿勢」をとる必要があります。「当時者こそ専門家」という「無知の姿勢」をとることで，初めて当事者に寄り添うことができるのです。

しかし，専門職のなかには，この点を十分に理解しないまま，交流会に参加する人もいます。たとえば，家族介護者と介護福祉士による以下のようなやりとりがあります。

　　Ｃさん（家族介護者）──実母のトイレのことで困っています。何度注意しても，廊下でしてしまうんです。つい，大きい声で怒鳴ってしまいます。どうしても（実母の失禁を）許すことができないのです。
　　Ｄさん（介護福祉士）──叱ってはいけません。認知症の人も故意に失禁しているわけではありません。叱られると自尊心を傷つけることになります。自尊心を傷つけられた患者は，汚れた下着をタンスの奥にしまい込むこともあります。

ここでは，Ｃさんは，実母の失禁という悩みを語っています。それに対してＤさんは，介護福祉士としての認知症ケアの専門的知識をいかし，「叱ってはいけない」というアドバイスをしています。ここでのＤさんによるアドバイスは，認知症ケアのセオリーに則したものといえるでしょう。

しかし，このようなＤさんの発言は，Ｃさんの気持ちを汲み取った適切

IV　グループで支え合う　　107

な発言とはいえません。Cさんは,「実母の失禁」という一般的には語りにくい内容を語っています。それに対して,「叱ってはいけない」というDさんの発言は,その意図はなかったとしても,Cさんにとっては,自分が批判されていると受け止めてしまうでしょう。そして,今後,この話題についての発言を避けることが予想されます。

　Cさんは怒鳴りたくて怒鳴っているわけではありません。むしろ,「許すことができない」という発言からは,実母を怒鳴ってしまったことに対して自己嫌悪に陥っているようにも感じられます。Dさんのアドバイスは,理論的には正しいかもしれませんが,このようなCさんの複雑な気持ちに寄り添ったものとはいえないでしょう。

　もしDさんが「無知の姿勢」をとり,自らの専門性から距離をとることができていたとすれば,たとえば,「お気落ちわかります。実の親の失禁は,そう簡単に受け止めることはできないですね」,「廊下での失禁はほんと困りますね。その後,廊下を掃除して,汚れ物を洗濯するのも一苦労ですね」といった発言となっていたでしょう。こうした発言をすることで,当事者ではないDさんもコンフリクトを生まずにセルフヘルプ・グループの場に溶け込むことができるといえるでしょう。

　さて,介護福祉士の発言がコンフリクトを生む場面を見てきましたが,これはケアワークの専門性に固有の問題ではありません。ソーシャルワークにおいても同様に,配慮のない専門性にもとづいた発言は,コンフリクトを生みます。たとえば,家族介護者と社会福祉士の以下のようなやりとりがあります。

　　Eさん（家族介護者）——妻（78歳）の介護をしています。今まで,妻にはさんざん世話になったから,恩返しのつもりです。倒れるまで,自分（82歳）で面倒を看るつもりです。
　　Fさん（社会福祉士）——Eさんもご高齢ですから,お一人で介護するのは大変だと思います。デイサービスやショートステイを使

って，介護負担を少しでも軽くしたらいかがでしょうか。

　ここでEさんは，妻への献身的な介護を希望しています。それに対し，Fさんは，献身的介護による介護関係の破綻を予防するため，介護負担を軽減する手段としてデイサービスやショートステイの利用を推奨しています。ソーシャルワークの考え方からいえば，外部にある社会資源を積極的に活用し，家族介護者の負担の軽減を図ることはとても重要なこととされています。たしかに，「老老介護」の負担は大きく，また完璧主義になりがちで，孤立しやすいという男性介護者特有の危険性があるため，外部の社会資源の活用を勧めることは間違った対応とはいえません。

　しかし，この場面で介護負担の軽減を勧めるFさんの発言は，Eさんの気持ちを汲んだものとはいえないでしょう。Eさんが献身的介護を志願している根底にあるのは，「今まで妻にはさんざん世話になった」ことに対する「恩返し」の物語であり，さらにいえば，「世話になったのに，何もできていない」という「罪滅ぼし」の物語です。このEさんの「恩返し」，「罪滅ぼし」の物語に耳を傾けず，介護負担の軽減を勧めることは性急です。

　もし，Fさんが「無知の姿勢」をとることができていれば，別の対応が可能だったでしょう。たとえば，「（認知症になる前）奥様はどのような方だったのですか」とEさんと奥さんの関係を尋ね，あるいは「今どのように奥様を介護されているのですか」とEさんの恩返し（罪滅ぼし）としての献身的な介護の様子を尋ねることができていたかもしれません。

2　外在化，語り直し，分かち合い

「孤独感」の外在化
　セルフヘルプ・グループの交流会における参加者のやりとりに注目して

いると,「無知の姿勢」以外にも,ナラティヴ・アプローチとの共通点が多いことに気づかされます。ナラティヴ・アプローチで用いられる「問題の外在化」,「例外の物語の発見」,「希望の共有」などの技法に相当する言語的なやりとりがおこなわれています。

　たとえば,問題の外在化としてはつぎのようなやりとりがあります。ここでは,介護者Gさんが語る「孤独感」という「問題」に揺さぶりをかけ,司会者が巧みに解きほぐし,外在化していきます。

　　Gさん――孤独感があります。
　　司会者――そうですか。それは,どのような。
　　Gさん――家族の誰もわかってくれない。理解はしてくれるけどわか
　　　　　　ってくれない。
　　司会者――ああ,なるほど。理解しようとはしてくれるけど,ほんと
　　　　　　のシンドさまではわかってくれない。
　　Gさん――そう。一番大変なところをわかってくれない。
　　司会者――ああ。
　　Gさん――親戚が電話してきて,様子を聞いてくる。「あんたにいっ
　　　　　　たい何がわかるの」って思う。
　　司会者――手は貸してくれないけど,口は出してくる。
　　Gさん――人間は一人ぼっち。結局,自分でなんとかするしかない。
　　　　　　誰もわかってくれない。
　　司会者――それは孤独ですね……。
　　Gさん――わかってくれてもわかり方が違う。家族の前では,猫のこ
　　　　　　とを猫だってわかる。わたしの前だと牛になっちゃう。
　　司会者――一番,頼りになる人の前で,(認知症の)症状が強く出る。
　　Gさん――朗らかにできないけど,それでもいい……。悩んでいます。
　　司会者――複雑な気持ち。単純じゃない。
　　Gさん――わたしよりももっと大変な人もいる。わたしはまだいいな

って思うこともある。
　司会者——Gさんも負けてない。
　Gさん——正直に言ってもう限界。いつまで介護できるかわからない。

　まず司会者は，Gさんの「孤独感があります」という発話に対して，受容的に「そうですか」と受け止め，その話をよりくわしく聴くために「それは，どのような」と発言しています。ここで重要なのは，司会者は，「孤独感」への対処法をアドバイスするのではなく，「どのような（how）」と問いかけていることです。この問いかけによりGさんは，「孤独感」という抽象的な「問題」を具体的に語ることが可能となります。
　このような司会者の問いかけを受けたGさんは，「家族の誰もわかってくれない。理解はしてくれるけどわかってくれない」と語ります。Gさんにとって，「孤独感」は，家族との関係におけるものであり，その内容は，「理解はしてくれるけどわかってくれない」という複雑なものであることがわかります。
　この発言を受け司会者は，「ああ，なるほど」と理解を示したうえで，「理解しようとはしてくれるけど，ほんとのシンドさまではわかってくれない」と「わかってくれない」ということの内容をより具体的な言葉で整理しています。このような司会者の発言は，その後の「そう。一番大変なところをわかってくれない」というGさんの発言につながっています。
　その後も，司会者はとても適切にGさんの語りをつむぐことができています。「親戚が電話してきて，様子を聞いてくる」という発言に対しては，「手は貸してくれないけど，口は出してくる」とわかりやすく整理しています。「人間は一人ぼっち」という発言に対しては，「それは孤独ですね……」と共感的に整理しています。「わかってくれてもわかり方が違う」という発言に対しては，「一番，頼りになる人の前で，（認知症の）症状が強く出る」と認知症介護の知識を踏まえた整理をしています。
　このような司会者のかかわりにより，Gさんの中にあったモヤモヤとし

た「問題」の輪郭は，しだいにはっきりしたものになっていきました。最初は「孤独感」という抽象的な言葉で表現されていたGさんの「問題」は，司会者の巧みな言語的なかかわりにより，より具体的な内容として語られるようになりました。司会者はGさんの「孤独感」という「問題」を整理するようにかかわり，そのことによりGさんも自分の「問題」を整理して見つめることができるようになったといえるでしょう。Gさんは，自らの「問題」を語ることで，自分の内側にあった「問題」を，自分の外側に出すことができ，その「問題」と向き合うことができるようになったのです。このようなかかわりは，ナラティヴ・アプローチにおける外在化と同様のものといえるでしょう。

その後も外在化へのGさんと司会者のやりとりは続いていきます。Gさんの「朗らかにできないけど，それでもいい……。悩んでいます」と介護に対する複雑な心情の吐露に対しては，「複雑な気持ち。単純じゃない」とシンプルな表現で整理をしています。また，「わたしよりももっと大変な人もいる。わたしはまだいいなって思うこともある」という「苦労くらべ」をする発言に対しては，「Gさんも負けてない」とGさんの心情を踏まえた整理をしています。このようなやりとりは，結果として，「正直に言ってもう限界。いつまで介護できるかわからない」というGさんの先行きの見えない介護に対する不安についての語りを引き出しています。

グループによる外在化

司会者とGさんとの一対一のやりとりを見てきました。しかし，注意する必要があるのは，このやりとりは交流会の場においておこなわれたということです。交流会には，介護経験のある複数の人が参加しています。参加者は，「うん，うん」，「あぁ」などの相槌を打っています。また，何も言葉を発しない参加者もいますが，その場にいる全員が，Gさんの語りに対して受容的に耳を傾けています。このことは，外在化をより高める効果があると思われます。

このような交流会の場にいる複数の参加者は，Ｇさんと司会者のやりとりを第三者的に外部から証明する「証人」として位置づけることができるでしょう。先ほど見たＧさんと司会者のやりとりは，こうした「証人」を意識して展開されています。さらにいえば，このような「証人」がいたからこそ，Ｇさんは先ほどのような内容を語り，司会者もそのＧさんの語りに外在化をうながすように対応することができたと考えることができます。

　この司会者は，専門職ではなく介護経験のある当事者です。ナラティヴ・アプローチの外在化という方法を知りません。もちろん，特別なトレーニングを受けた経験もないわけです。それにもかかわらず，専門職も顔負けの巧みなやり方で外在化をおこなっていることは注目に値します。「証人」として複数の参加者がその場にいることは，外在化をスムーズにおこなううえでの大きなアドバンテージといえるでしょう。

　このように，セルフヘルプ・グループには，グループ（集団）を活用してナラティヴ・アプローチ的な支援をおこなっているという特徴があります。この点についてもう少しくわしく見ていきたいと思います。

　つぎのやりとりは，先ほどよりもグループを積極的に使って外在化をおこなっている場面です。ここでは，「胃瘻（いろう）」の決断を迫られている家族に，司会者だけではなくグループの複数の参加者が外在化をうながしています。

　　Ｈさん——うちの母親のことなんですが，先日，病院で胃瘻をすすめられました。お医者さんは，「胃瘻にすると本人も楽だし，穏やかにすごせる」とおっしゃる。でも口から食べないというのは，やはり抵抗があります。今選択を迫られているんです。
　　司会者——この中に，胃瘻をなさっている方って，いらっしゃいますか？
　　Ｉさん——うちは胃瘻にしました。認知症があって，ほとんど自分の意思はない。点滴を抜いてしまうので，胃瘻にしませんかというお話があった。何とかして生きていてほしいと考えたので胃

瘻に踏み切ったんです。そうしたら，流動食が肺に逆流して，それが原因で，肺炎を起こしてもう亡くなりました。それだけ体力も落ちていたんですね。96歳でしたから寿命だと思うようにしています。でも心残りがある。最期に胃瘻の管を抜いて，好きなものを食べさせてあげたかった。

Hさん——そういうこともあるんですね。やはり口から食べてもらいたいという思いが家族にはある。

Jさん——わたしのところも結局，胃瘻にしたんですが，その時のことを思い出すと体が震えてくる。いろいろ悩みましてね。胃瘻にしないと母はあの世に逝ってしまう。誰にも相談できなかったし，本当に辛かったです。決断を迫られてノーとは言えなかった。胃瘻にして3年経つ。認知症なのでほとんど何もわからないし，体も動かない。でもちゃんと元気で生きている。でも先日，ふとした瞬間に忘れているはずのわたしの名前をよんだんです。もう，涙がポロポロ出ました。わたしがあのとき，胃瘻の選択を迫られたときにノーと言っていたら，この世にはいないわけですからね。

Hさん——胃瘻の選択って難しい。長生きしてもらうかどうかを決める難しい決断。

司会者——そうですね。結局，この難しい決断を家族がしなければいけない。

Kさん——それに，長生きしてもらっても，回復する見込みはほとんどないわけだから，なおさら難しい。

Hさん——今，わたしはそんなに難しい選択を迫られているわけですね。これは大変なことですね。ここ最近，あれこれ考えすぎて，あまり眠れなくなっているんです。

　ここでは，Hさんが，認知症の母親に胃瘻の処置をするかどうかという

悩みを語っています。Hさんは，胃瘻の処置をしたほうがよいのか，最期まで自分の口で食べさせたほうがよいのか決めかねています。うまく食べ物を飲み込むことができない人にとっては，胃瘻の処置をおこなうことは負担の軽減につながります。しかし，「口から食べない」ということは，家族にとって抵抗感のあることです。胃瘻にするかしないかという選択は，患者の生命や尊厳にかかわるため，容易に決めることはできません。Hさんは，認知症である母親本人に代わり，この難しい選択を迫られているのです。

このようなHさんに対して，司会者は「胃瘻にしたほうがよい」とか，「胃瘻にしないほうがよい」といった胃瘻という医療行為に対する価値判断は一切しません。その代わり，ほかの交流会参加者に話を振り，身内に胃瘻の処置をした経験談を語ってもらうように促しています。

この司会者の促しに応え，口火を切ったのはIさんです。IさんはHさんと同様に胃瘻の処置を医師からすすめられて，「何とかして生きていてほしい」という思いからその決断をした経験があります。ところが結果として，Iさんの親は肺炎で亡くなってしまいます。このことはIさんにとってとてもショッキングな出来事でした。認知症のため決断ができない親の長生きを願って胃瘻の決断をした結果，その親を失ってしまったのです。もちろん胃瘻の処置を決断したIさんに非はありません。しかし，Iさんは，「寿命だと思うようにしています」と自分を納得させながらも，「最期に胃瘻の管を抜いて，好きなものを食べさせてあげたかった」という「心残り」を語っています。

このIさんに続いて，胃瘻についての経験を語ったのはJさんです。Jさんは，「思い出すと体が震えてくる」というような大変な経験であったと語っています。Jさんは，「胃瘻にしないと母はあの世に逝ってしまう」という状況において，「決断を迫られてノーとは言えなかった」と語っています。Jさんは，積極的に胃瘻を選択したというよりは，そうせざるをえなかったという消極的なものであったといえるでしょう。しかし，結果

として,「先日,ふとした瞬間に忘れているはずのわたしの名前をよんだ」という奇跡的なことが起こります。Jさんは,「胃瘻の選択を迫られたときにノーと言っていたら,この世にはいない」と語り,胃瘻の処置をおこなった自らの決断を肯定的に振り返っています。

ここで見たIさんとJさんは,どちらも身内の胃瘻処置について決断をしたわけですが,その受け止め方は対照的です。Iさんは,「好きなものを食べさせてあげたかった」という「心残り」を語り,Jさんは,「胃瘻の選択を迫られたときにノーと言っていたら,この世にはいない」という肯定的な振り返りをしているのです。ここで重要なのは,IさんもJさんも,「胃瘻にしたほうがよい」とか,「胃瘻にしないほうがよい」などの,Hさんの選択を誘導するようなアドバイスは一切おこなっていないということです。IさんとJさんは,自らの経験をあるがままに語ることしかしていません。しかし,ナラティヴ・アプローチの立場から見ると,このようなIさんとJさんの語りこそが,胃瘻の決断を迫られたHさんにとって支援的に作用したといえるでしょう。

この場面では,Hさんは,Iさんの語りに対しては,「やはり口から食べてもらいたいという思いが家族にはある」と受け止めています。また,Jさんの語りに対しては,「長生きしてもらうかどうかを決める難しい決断」と整理しています。つまり,それぞれの語りを「聴く」ことで,Hさん自身の,胃瘻に対する考え方が整理されていったと考えることができます。

そして,司会者は,「結局,この難しい決断を家族がしなければいけない」と,胃瘻の決断をめぐる家族が置かれている状況をシンプルにまとめています。この司会者の発言に続けて,Kさんは「それに,長生きしてもらっても,回復する見込みはほとんどないわけだから,なおさら難しい」とその決断の難しさについて追加して語っています。このようなやりとりの結果,Hさんは「今,わたしはそんなに難しい選択を迫られているわけですね。これは大変なことですね」と自分が迫られている決断の難しさに

気づき，それを冷静に受け止めます。そして最後に，「ここ最近，あれこれ考えすぎて，あまり眠れなくなっているんです」という自分自身が辛い状況に置かれているという「問題」を語り，その「問題」に向き合うことが可能となっているのです。

　一般的にナラティヴ・アプローチでは，クライエントが「語る」ことに焦点を当てます。そのため支援者は，クライエントの語りを促すように働きかけ，そのことがクライエントのかかえる「問題」を外在化することにつながると考えます。しかし，セルフヘルプ・グループの交流会という「場」は，支援者とクライエントの二者だけではなく，複数の参加者がいます。そして参加者はそれぞれの経験を語り，ほかの参加者はその語りに耳を傾けます。セルフヘルプ・グループでは参加者同士のやりとりがうまく作用することで，「語る」だけではなく，「聴く」ことによっても外在化が促進される可能性があるといえるでしょう。

物語の語り直しと分かち合い
　このようにセルフヘルプ・グループの交流会という「場」は，グループ（集団）を活用して効果的にナラティヴ・アプローチを展開していると考えられます。交流会に参加する複数の人々は，それぞれの経験を「語る」という行為をとおして自らの物語を整理し，また，ほかの参加者の経験を「聴く」という行為をとおしても，自分の物語を整理することができるのです。この意味においてセルフヘルプ・グループはナラティヴ・アプローチをよりダイナミックに展開することのできる「場」といえるでしょう。
　セルフヘルプ・グループにおいて見ることのできるナラティヴ・アプローチと類似のやりとりは，これまで見てきた外在化だけではありません。外在化され整理された物語を改めて語り直し，その語り直された物語を複数の参加者が共感的に耳を傾け，分かち合うということもおこなわれています。
　たとえば，つぎのようなやりとりがあります。ここでは，認知症の親を

看取った介護経験の語り直しがおこなわれ，その語り直された物語にほかの複数の参加者が耳を傾け，分かち合うという場面です。

> 司会者——今日は介護中の方からいろいろとお話をいただきましたけども，自分のときはこうだったとか，お話しいただける方はいらっしゃいませんか。
> Lさん——わたしは自分の母を５年前に看取りました。94歳でした。
> 司会者——もう５年になりますか。
> Lさん——はい５年になります。もうそのときの書類はほとんど捨てちゃったんですけど，捨てられないで大切にとってある書類もあるんです。これはケアプランというものの一部だと思うんですけどね。どうしても捨てられないんです。燃やせない。
> 司会者——介護してたときの思い出が詰まっている。
> Lさん——はい。ケアマネージャーさんがよい方だったんです。とても，助けられました。苦労することなかったんですけども，こんなにカラフルに色分けしてケアプラン表を持ってきてくれた（蛍光ペンで色分けしたケアプランの用紙をみんなに見せる）。これがとても大事で，捨てられなくって。
> 一同——ああ（うなずく）。
> Lさん——そのケアマネージャーさんは，とてもちゃんとされていました。「これでよろしいですか？」という感じで来て，手紙もちゃんと添えてあって。
> 一同——ああ（うなずく）。
> Lさん——今日は，これをちょっとみなさんに伝えたくって。こんなにいいこともありましたよって。もう何年の前の話ですから，今とは事情が違うし，当てはまらないかもしれない。でも，どうしてもこれだけは捨てられないんですよ。燃やせないんですよ。それで持ってきたんです。

司会者——ありがとうございます。

Lさん——それからもうひとつ。これは母の若いときの写真です（みんなに写真を見せる）。介護をしていたとき，こういう若いときの一番美人だと思った写真を病院でも施設でも，どこでも持っていって飾っておいたんです。そうすると，「こんなに美人だったの？」ってスタッフとかまわりの人が言ってくれました。意固地な母だったので介護は大変でした。でも写真を飾ると，何かうまくいくような気がしました。少し前向きな気持ちになれました。そんなこともしました。

一同——ああ（うなずく）。

Lさん——じつはこれ，介護をされていた方から教わったんです。その方のお知恵を拝借してやってみたんです。だから今度はみなさんの参考になればと思って，お話しさせていただきました。

司会者——ありがとうございます。素敵なアイデアですね。みなさんも取り入れてみるといいかもしれませんね。

　この場面でのやりとりには，ナラティヴ・アプローチの観点から見ると，二つの異なった支援的効果があったと考えることができます。一つはLさんの語りを聴いた複数の参加者にとっての支援的効果であり，もう一つは，複数の参加者に語りを聴いてもらったLさん自身にとっての支援的効果です。

　まず，Lさんの語りを聴いた複数の参加者にとっての支援的効果について見ていきたいと思います。ここで看取りの経験を語るLさんは，何年間も介護を経験し，さらには看取りまで経験した，いわば「ベテラン介護者」です。参加者のなかには，介護経験の浅い人も多くいます。こうした介護経験の浅い参加者は，これから先の介護生活が見通せず不安をかかえています。ベテラン介護者としてのLさんの介護の語りを聴くことは，こうした介護経験の浅い参加者にとって，有益な情報です。

Lさんは,「とてもよいケアマネージャーと出会えた」ということと,「写真を飾ったら前向きな気持ちになれた」という内容を語りました。これは,介護に直接役に立つ情報ではないかもしれません。しかし,介護を乗り切ったベテラン介護者の物語を聴くことは,辛い介護生活を乗り切るうえでの大きな励ましになる可能性があります。

　つぎに,複数の参加者に語りを聴いてもらったLさん自身にとっての支援的効果について見ていきたいと思います。この場面では,Lさんは自らの介護経験を思い出して語っています。ここで注目すべきは,Lさんは5年前に看取りをしたということです。つまり,Lさんは,現在は介護をしていません。そして,介護を経過してからかなりの年月が経過しています。わたしたちは,5年前に看取りを終えたLさんについて,「たしかに介護中は大変だったかもしれないが,もう介護をする必要はないので悩みがなくなってよかった」とか,「たしかに母親を看取るという経験は辛かったかもしれないが,5年も前のことなのでもう現在はその辛さを受け入れているだろう」というような理解をすることがあります。

　しかし,こうした理解は正確ではありません。介護経験は,たんなる「早く忘れ去りたい辛い経験」ではありません。介護者の多くは,看取り後も,それまでの介護経験をうまく整理することができず悩みつづけるのです。たとえば,「本当に自分はできるだけのことをやれたのだろうか」,「あのときもっとこうしていれば,もっと長生きしていたかもしれない」などという後悔の念に苛まれている方も少なくありません。

　Lさんは,この交流会で「とてもよいケアマネージャーと出会えた」ということと,「写真を飾ったら前向きな気持ちになれた」という内容を,改めて語りました。Lさんにとって介護経験はこの二つのエピソードで語り尽くせるような単純なものではありません。しかし,この二つのエピソードを用いて自らの介護経験を語り直すということは,Lさんが自分の介護経験の整理をおこない,けじめをつけるうえで重要であったと考えることができます。

また，交流会の場では，多くの参加者がその語り直された物語に耳を傾けることで分かち合い，語り直された物語の「証人」となってくれます。さきほどの場面でも，Lさんの語り直しに対して，その場にいる参加者一同はうなずきながら耳を傾けています。このような複数の「証人」の前で語り直された物語には，強いリアリティが付与され，意味ある経験としてLさんの中に刻み込まれるのです。Lさんは，交流会の場で介護経験を語り直すことで，5年経った今でもうまく整理のできていなかった経験を整理することができます。このことは，さらにはLさんの回復を後押しすることにつながるでしょう。

　以上，交流会の場でおこなわれる看取り後の語り直しに注目し，ナラティヴ・アプローチの立場から二つの支援的効果について見てきました。複数の参加者からなる交流会の場では，誰かが経験を語り，他の参加者がその語りに耳を傾けるという相互的なやりとりがおこなわれます。「語る」人にとっては，複数の参加者の前で語ることは自分の経験を整理するうえで有益です。また，「聴く」人にとっても経験にもとづいた情報は多くの示唆をもたらします。この相互的なやりとりこそ，セルフヘルプ・グループにおける「支え合い」の具体的な中身といえるでしょう。

3　当事者と専門職の協働

専門職はどのように貢献できるか？

　これまで見てきたようにセルフヘルプ・グループにおける交流会の場では，外在化，語り直しなどのナラティヴ・アプローチと似たやりとりがおこなわれています。交流会の場には複数の参加者がいます。この参加者が，あるときは他の参加者の前で語り，またあるときは他の参加者の語りを聴くというように相互的な交流がおこなわれています。この意味において，セルフヘルプ・グループは，グループを活用したナラティヴ・アプロ

ーチということができるでしょう。

　ところで，従来，ソーシャルワークの領域において，セルフヘルプ・グループは，「インフォーマルな社会資源」として位置づけられてきました。このように位置づけられるセルフヘルプ・グループは，あくまでも当事者による自主的な活動であり，専門職の関与は必ずしも十分ではありませんでした。もちろん，近年のソーシャルワークでは，当事者によるピア・サポートの支援効果は高く評価されています。しかし，そこにおける専門職（ソーシャルワーカーなど）の役割は，せいぜい「社会資源」としてのセルフヘルプ・グループにクライエントを「つなぐ」，ということにとどまっていたように思います。「ナラティヴ・ソーシャルワーク」というこの本の関心からいえば，専門職はもっと積極的かつ直接的にセルフヘルプ・グループに貢献できるのではないでしょうか。ここでは専門職がより積極的に貢献できる可能性について具体的に見ていきたいと思います。

　まず注目されるのは，専門職が司会者や一般の参加者の一人として交流会の場に出席する場合です。もともとセルフヘルプ・グループは，同じ悩みをかかえた当事者同士が支え合うグループです。そのため，専門職の参加を厳しく制限するグループもあります。しかし，わたしがかかわっている認知症家族会では，医師や看護師，社会福祉士などの専門職の参加はそれほど厳密には制限されていません。正確な統計はありませんが，わたしの周辺では，なんらかの専門職が参加しているグループが多い印象です。

　しかし，すでに確認したようにセルフヘルプ・グループにおける専門職の参加には注意が必要です。たとえば交流会の場において，専門職が専門的なアドバイスをすることにより，当事者の発話を抑制してしまう危険性があります。この意味において，専門職に期待されている役割は，交流会の場において専門的なアドバイスをすることではないということができます。

　ナラティヴ・アプローチの立場からいえば，交流会の場において専門職に期待されているのは，参加者の発話を抑制することなく促進させるファ

シリテーションの役割といえるでしょう。専門職が司会の役割を担う場合は，とくにこのファシリテーションの能力が求められます。たとえば，どのような時間配分で進行するか，特定のテーマを設定するか，誰から発言してもらうか，司会として何を発言するのか，不適切な発言をする人に対してどのように対処するかなどです。

　もちろん専門職ではなく当事者が司会を務めることも多いでしょう。しかし，経験を共有する当事者は，必ずしも司会に適しているとは限りません。たとえば，自らの経験が邪魔をして他の参加者の語りを冷静に傾聴することができず，自説を説いたり，批判したりする危険性があります。一方，「無知の姿勢」などのナラティヴ・アプローチのトレーニングを積んだ専門職であれば，参加者の語りを適切に聴くことができる可能性があります。

　また，交流会の場に直接参加しなくても間接的にセルフヘルプ・グループの活動を支援することは可能です。たとえば，セルフヘルプ・グループの設立や運営を支援することは大きな意義があるでしょう。セルフヘルプ・グループの運営者は，どのように設立してよいのかわからない，運営方法がわからないなどの悩みをかかえています。

　このような場合，セルフヘルプ・グループの活動が発達している北米などでは，「セルフヘルプ・クリアリングハウス」とよばれる専門的な支援機関による支援がおこなわれています。日本ではこれまでセルフヘルプ・グループを支援する体制は十分に整備されていませんでした。ところが，近年，セルフヘルプ・グループの高い支援効果に注目が集まり，その活動を支援する体制が少しずつ整備されてきています。たとえば，わたしがかかわっている認知症介護の領域では，各自治体に設置されている地域包括支援センターが中心となって家族会の設立や運営を支援するところもあります。さらには家族会を組織し，直接運営をおこなっている地域包括支援センターも少なくありません。

　しかし，現状ではこうした専門機関によるセルフヘルプ・グループの支

援は必ずしもうまくいっているとはいえません。それは，セルフヘルプ・グループという社会資源の本質にかかわる問題といえるでしょう。もともとセルフヘルプ・グループは，同じ悩みをかかえた「当事者」を中心に組織された文字どおり「自助」的な組織です。このようなセルフヘルプ・グループを専門機関が支援するときに重要なのは，その当事者性を尊重することでしょう。つまり，セルフヘルプ・グループを支援するときに求められるのは，ナラティヴ・アプローチにおいても重要とされた，支援する，支援されるという関係に介在する権力の作用を感じとることが求められます。

　この点について，わたしは，セルフヘルプ・グループの代表者や世話人がかかえている運営上の「悩み」に注目することが有益だと考えています。セルフヘルプ・グループの運営には，「参加者が集まらない」，「会場の確保がままならない」，「組織として継続しつづけることができない」などの「悩み」がつきものです。つまり，セルフヘルプ・グループの代表者や世話人は，組織の運営という意味においては，同じ悩みをかかえた当事者です。そこで地域にある複数のグループの代表者や世話人が定期的に集まり情報交換をすることができれば，それぞれのノウハウを共有し，有益な運営が可能になります。これはまさに「セルフヘルプ・グループのセルフヘルプ・グループ」といえるでしょう。

　しかし，そのためには大きな課題があります。それぞれのセルフヘルプ・グループは，ほかのセルフヘルプ・グループと交流することはほとんどありません。他の団体の代表者同士，悩みを分かち合う機会がきわめて少ないのです。そもそも，セルフヘルプ・グループは，当事者が集うことでピアな支援をおこなうグループです。しかし，こうしたピアな支援をおこなうグループは，排他的になりがちです。

　それぞれのセルフヘルプ・グループには，グループごとに独自のルールや雰囲気が築き上げられています。たとえば，あるグループでは，交流会の最中にメモをとることを推奨しますが，別のグループでは交流会の最中

にメモをとることを厳しく制限することもあります。あるグループで好意的に受け止められた発言が，別のグループではタブー（禁忌）として位置づけられていることもあります。このような違いは，同じ領域であっても存在します。わたしがかかわっている認知症家族会でも，それぞれのグループごとに「個性」が存在します。この「個性」は，参加者同士の支援をおこなううえでは有効に機能するわけですが，外部との連携をとるうえでは不利に働くこともあるのです。

　この意味において，それぞれのセルフヘルプ・グループが自らすすんで連携を図ることは容易ではありません。そこには，どのグループに対しても中立的な立場をとることのできる専門職が調整役として入ることが相応しいといえるでしょう。

　これまで，専門職は専門性を強調することで支援を展開し，当事者は当事者性を強調することで支援がおこなわれてきました。そこでは「支援」をめぐって専門職と当事者のあいだで対立が起きることもありました。しかし，ナラティヴ・アプローチの観点からいえば，専門性が強調され当事者性を否定されることも，当事者性が強調され専門性が否定されることも不毛であるといえるでしょう。今後の支援に求められるのは，専門職と当事者，双方のコラボレーション（協働）といえるでしょう[29]。

V

コミュニティの物語をつむぐ

1 物語としての地域支援

コミュニティにおけるナラティヴ・アプローチ

 それぞれのコミュニティでは，さまざまな福祉的支援がおこなわれています。たとえば，高齢者の孤立を防止するための見守りネットワークを作ったり，買い物弱者のための支援をおこなったり，子育て支援のためのサロン活動をおこなったり，ボランティア団体を組織化したりするなど，それぞれの地域の実情に合わせた多様な支援活動がおこなわれています。支援対象者を高齢者，障害者，児童などの縦割りでとらえるのではなく，横断的にコミュニティ全体を視野に入れる地域福祉の実践は，今日のソーシャルワークにおいてとくに重要なものとして位置づけられています[30]。ここでは，このような地域福祉の実践を，ナラティヴ・アプローチの立場から捉え直してみたいと思います。

 ナラティヴ・アプローチは，文字どおり「語り」や「物語」に注目するアプローチです。そのためナラティヴ・アプローチを用いた支援では，支援者とクライエントとの言語的やりとりが重要な意味をもってきます。この本で見てきた「困難事例」や「多問題家族」への支援においても，またグループを活用した支援においても，フェイス・トゥ・フェイスの支援関係のなかで，どのような質問をおこない，それによって何が語られ，その語られた内容に対してどのように反応するか，という具体的な言語的なやりとりに関心が向けられました。このようなナラティヴ・アプローチは，ミクロな視点をもった支援方法です。

 しかし，「ナラティヴ・ソーシャルワーク」として，ソーシャルワークの文脈でナラティヴ・アプローチを論じるうえでは，ミクロな視点だけでは不十分といえるでしょう。ソーシャルワークの基本的視点では，ミクロ（個人，家族など），メゾ（地域など），マクロ（制度・政策など）という領域

にわたる包括的な視点が求められます。そのなかでもとくに注目されるのは，ミクロ領域とマクロ領域をつなぐメゾ領域です。今日のソーシャルワークの理論では，地域を基盤として総合的かつ包括的に支援を展開することが重要とされています[31]。

これまでのナラティヴ・アプローチは，ミクロ領域にのみ適応され，その有効性が主張されてきました。しかし，ミクロ領域にとどまるかぎり，ナラティヴ・ソーシャルワークの輪郭は曖昧なままです。メゾ領域のコミュニティ（地域）に注目することは，ナラティヴ・セラピーとは異なる，ナラティヴ・ソーシャルワークならではの可能性を追い求めることにつながるといえるでしょう。

「地域の物語」への注目

コミュニティ（地域）におけるナラティヴ・アプローチを見ていく場合，課題となるのは，コミュニティのどこに注目し，どのように支援していくのかということです。コミュニティを対象とする以上，住民個人の物語にだけ注目し，その個人の物語への介入をおこなうということだけでは，ミクロ領域で展開される一般的なナラティヴ・アプローチと大差はありません。コミュニティにおいてナラティヴ・アプローチを展開する固有のポイントを，いったいどこに求めればよいのでしょうか。

わたしは，ナラティヴ・アプローチをコミュニティでの支援に応用するためには，「地域の物語」に注目することが有効であると考えています。つまり，地域住民によって共有されている物語です。さらにいえば，地域の多くの住民が共通していだいている考えや想いであり，その地域特有の雰囲気であり，その地域で何度も語り直され固定化した文化といえるでしょう。

ナラティヴ・アプローチの立場からコミュニティを眺めると，地域住民の日々の生活は，それぞれの「小さな物語」をつむぐ活動としてとらえることができます。たとえば，犬の散歩をしたり，近所の人とお茶を飲んだ

り，家族で食事をとったりという何気ない日々の活動の積み重ねが「小さな物語」を形作ります。このような「小さな物語」は，住民にとってはあまりにも当たり前のことなので，ふだんの生活で意識されることはありません。しかし，住民の日々の生活に意味を与える大切な物語です。

そして，このような個人の「小さな物語」が寄せ集められ，複数の住民と共有されることで「地域の物語」が作られます。この物語は，祭りなどの地域の伝統や文化を含みますが，その中心はもっと日常的で，地域住民の日々の生活が反映されたものです。この「地域の物語」は，一般化することの難しい地域固有の物語です。そのため，外部から見ると取るに足らないどうでもよいものとして映るかもしれません。しかし，地域住民が当たり前の日常生活を送るうえでなくてはならないものです。地域住民は，日々の生活を送ることをとおして「地域の物語」を形作るだけでなく，日々の生活を意味づけるうえでも「地域の物語」を必要とします[32]。

ところで，ある地域における「地域の物語」は，一つとは限りません。テーマごとに複数のバリエーション（種類）があります。また，一つのテーマにおける「地域の物語」も，一面的ではなく重層的です。ナラティヴ・アプローチの観点からいえば，このように「地域の物語」を単純なものとしてではなく，複雑なものとして理解することが重要です。

この「地域の物語」という概念をナラティヴ・アプローチの立場から整理してみましょう。まず，支援をおこなううえで注目すべきは，「地域の物語」のなかでも，「問題」として位置づけられる，地域住民が「こだわっている物語」です。この「こだわっている物語」は，住民によって繰り返し語られ，あるいは外部から繰り返し指摘されることで，その地域に染み込んでいる物語です。この「問題」をかかえた地域住民は，その地域で生活するうえで，この「問題」から自由になることはありません。生活の隅々まで浸透した「問題」は，住民の生活に暗い影を落とします。

この「問題」が染み込んだ「地域の物語」を解きほぐすことは簡単ではありません。「問題」の解決を目指して，専門職が支援すればするほど，ま

た住民が抜けだそうと努力すればするほど，その「問題」の影響力は強化されてしまうという厄介な側面もあります。

たとえば，外部の専門職が，地域課題としてその「問題」に注目し，その克服を目指したコンサルテーション（助言，指導）は頻繁におこなわれています。しかし，「問題」の克服を目指した介入は，住民に「問題」を突きつけ，それまで意識化されていなかった「問題」でさえも意識化されます。このことは，住民が「問題」と対決するうえでの重要なきっかけになるわけですが，逆に住民の当たり前の日常を否定することにもつながるのです。

また，住民が自らその「問題」を自覚し，その払拭をめざして行動を起こします。このことは，一定の成果を得ることもあるわけですが，周知のとおりなかなか上手くいかないのが現状です。「問題」と対決しようとすればするほど，「問題」が実体として立ちあらわれ，住民の生活に「問題」が染み込んでしまうのです。だからといって，何もしないというわけにもいきません。「問題」は確かに存在し，住民の生活を蝕みつづけているのです。

このような難しい課題に対して，ナラティヴ・アプローチには何ができるでしょうか。それは，「問題」の克服を目指して「問題」の上塗りをするようにかかわるのではなく，その「問題」を一枚一枚引き剝がし，「問題」の影響力を弱めるようにかかわるということです。それは，「問題」の中に希望を見出すことを意味します。さらにいえば，地域の課題を，問題の物語としてではなく，希望の物語として語り直すことといえるでしょう。

このような立場は，これまでの地域福祉の実践を否定するものではありません。むしろ，これまでおこなわれてきた優れた地域福祉の実践を，ナラティヴ・アプローチの視点から捉え直し，再評価する試みです。この本では，このような立場から注目される地域福祉の実践を，ナラティヴ・アプローチの立場から具体的に読み解いてみたいと思います。

❘ 2 ❘ 「地域の物語」を書き換える

誰がどのように介入するのか？

　日本では，戦後に進行した都市への人口流出によって，地方の活力は失われました。このことは，「田舎」に住む住人の誇りと自信を削ぐことにつながりました。「田舎」における「地域の物語」は，「何の変哲もないただの田舎」というように否定的に意味づけられ，「当事者」である「田舎」に住む住人はそこから抜け出すことができなくなっています。

　否定的な「地域の物語」から抜け出すには，「田舎」の魅力を再発見することが必要です。しかし，「田舎」に住む当事者である住民にとっては，否定的な「地域の物語」が染み込んでいるため「田舎」の魅力に自力で気づくことは簡単ではありません。住民は，ありきたりの日々の生活をとおして，「何の変哲もないただの田舎」という否定的な「地域の物語」を上塗りしてしまいます。

　この否定的な「地域の物語」を変更し，「田舎」に住む人々が誇りと自信を取り戻すためには，凝り固まった「地域の物語」へのなんらかの「介入」が必要といえるでしょう。

　まず取り上げたいのは，強力なリーダーシップによりこの「地域の物語」の「書き換え」を達成した旧新治村（群馬県）の事例です。

　旧新治村は，温泉を中心とした観光業と養蚕を中心とした農業を基幹産業とした農村でした。しかし1970年代，観光ニーズの変化や若年者の都市への流出などにより，この二大基幹産業が急速に衰退しました。このような中で創設されたのが，地元の景観，歴史，文化などの観光資源に注目した「たくみの里」です[33)]。

　「たくみの里」は，田園風景のなかに点在する20軒以上の工房を中心に展開される農村体験型の観光事業です。都会の人々は，「田舎」の何気な

い生活それ自体に魅力を感じ，たくみの里を訪れます。現在，「たくみの里」は，年間約45万人の観光客をよぶ大きな事業に成長しています。

「たくみの里」の田園風景（2009年9月，筆者撮影）

　この「たくみの里」を成功に導いたのは，旧新治村の元職員，元助役の河合進さんです。河合さんは，強力なリーダーシップを発揮しこの事業を推進しました。

　「たくみの里」を成功させるには，地元住民の協力が不可欠でした。しかし，事業開始当初，地元住民は，あまり乗り気ではありませんでした。人口流出や後継者不足により衰退の一途をたどるなか，「田舎」に積極的な価値を見出すことが難しくなっていたのです。ナラティヴ・アプローチの言葉でいえば，否定的な「地域の物語」から抜け出せなくなっていたといえるでしょう。そこで河合さんは，この否定的な「地域の物語」に介入し，それを少しずつ書き換えるように働きかけました。

　河合さんが，まず始めたのは，「野仏めぐり」という小さな観光事業です。野仏めぐりの内容は，村内に点在する野仏などをめぐり，スタンプを集めるというものです。都会から来た観光客は，ただスタンプを集めたわけではありません。道すがら地元住民と言葉を交わし，実際の農村の生活に触れ，軒先の干し柿や切干大根に興味を示しました。地元住民にとっ

て，この経験は大きな自信になりました。自分たちの何気ない日常の生活が，特別で魅力的であることを知ったのです[34]。

この「野仏めぐり」は，当時の「農村ブーム」にのり成功をおさめることになります。そして，「たくみの里」へと引き継がれました。現在の「たくみの里」は，20軒以上の工房よる農村体験のほか，地元でとれた原料を加工して作った味噌や漬物，豆腐などの食材を販売する売店もあり，多くの観光客で賑わっています。この成功により，地元住民の「何の変哲もないただの田舎」という否定的な「地域の物語」は，「特別で魅力的な田舎」という肯定的な「地域の物語」に名実ともに書き換えられたといえるでしょう。

観光客で賑わう「たくみの里」（2009年9月，筆者撮影）

さて，「たくみの里」では，元村役場助役の河合氏による強力なリーダーシップにより，「地域の物語」が書き換えられる様子を見てきました[35]。ここで一つ疑問が浮かび上がります。否定的な「地域の物語」の書き換えには，強力なリーダーシップが必須なのかということです。河合さんのようなリーダーシップを発揮する人はすべての地域にいるわけではありません。強力なリーダーシップに頼ることなく，それを成し遂げることはできないのでしょうか。

この疑問への一つの答えとして，近年注目を集めている「緑のふるさと

協力隊」,「地域おこし協力隊」などの外部の若者による活動が注目されます。「緑のふるさと協力隊」とは,特定非営利活動法人地球緑化センターによる事業で,自分の将来への可能性を見つけようとする若者たちが農山村を舞台に,1年間,地域に密着したさまざまな活動に取り組むプログラムです。「地域おこし協力隊」は,総務省による事業で,人口減少や高齢化等の進行が著しい地方において,地域外の人材を積極的に誘致し,地域力の維持・強化を図っていくことを目的とする取り組みです。

これらの取り組みで注目されるのは,否定的な「地域の物語」の変革を促す,外部の若い視点です。都市部出身の20歳代の若者にとって,田植えなどの農作業はとても新鮮で魅力的な行為に映ります。地域の住民にとっては当たり前の行為ですが,外部の若者はそこに高い価値を見出します。そして地域住民はそのような評価に最初は戸惑いを覚えるわけですが,少しずつ「田舎」の魅力を再発見し,自信と誇りを取り戻すことができるようになります。このような協力隊の活動は,ナラティヴ・アプローチの観点からいえば,「何の変哲もない田舎」を,「都会とは異なる魅力にあふれた田舎」に書き換えるという意味で重要な役割を果たしているといえるでしょう。

協力隊の活動を通して田舎の魅力を再発見した自治体の田んぼアート（2013年7月,筆者撮影）

3　「地域の物語」を守る

どのように守るのか？

　さきほどは,「地域の物語」の否定的な側面に注目して,それを書き換える可能性を見てきました。つぎに注目したいのは,「地域の物語」の肯定的な側面です。すでに見たように,「地域の物語」にはさまざまな側面があります。住民が当たり前の日常を送るうえでなくてはならない「地域の物語」も存在します。

　「地域の物語」は,住民が日常の生活を送るうえでは,特別に意識されることはありません。あまりにも当たり前すぎて,意識する必要がないからです。しかし,この「地域の物語」を嫌でも意識しなければならないときがあります。それは,「地域の物語」が危機的状況に追い込まれるときです。皮肉なことですが,肯定的な「地域の物語」は,それが失われようとするときに,はじめてその姿をあらわします。

　このことを見ていくうえで注目されるのは,「平成の大合併」です。平成の大合併とは,1999年（平成11）から開始され,2010年（平成22）3月末に終了した全国規模の大合併をさします。

　この合併で目指されたことは,自治体を広域化することによる行財政基盤の強化という合理化です。こうした合理化の過程では,住民の「地域の物語」は軽視される傾向があります。ナラティヴ・アプローチの立場からコミュニティを支援するうえでは,この「地域の物語」をいかに守るかということが課題となります。

　ここでは「地域の物語」を守りつつ編入合併をすすめた旧白沢村（群馬県）の社会福祉協議会の取り組みに注目したいと思います。旧白沢村は,2005年（平成17）2月13日に隣接する旧利根村とともに沼田市と合併した自治体です。人口規模（2000年国勢調査）は,旧沼田市が46,339人,旧利根

村が5,274人であるのに対し，旧白沢村は3,665人にとどまります。旧白沢村の財政力指数（地方自治体の財政力を示す指標）は0.27（2002年時点）であり財政基盤も脆弱です。平成の大合併では隣接する沼田市との合併は避けることができない状況にあったといえるでしょう[36]。

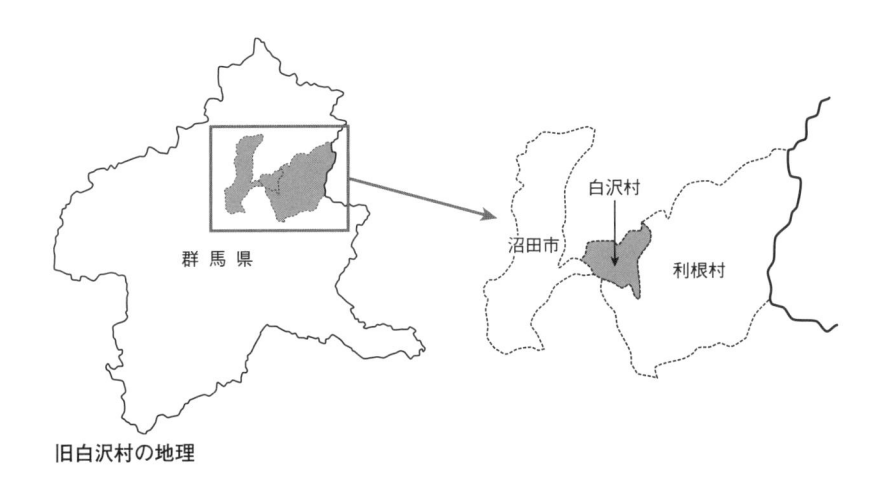

旧白沢村の地理

　旧白沢村は，より規模の大きい沼田市に編入されるかたちで合併がおこなわれることになりました。「編入」という合併方式は，事実上の「吸収合併」を意味します。旧白沢村の住民にとっては，新市の市役所や公共施設が遠くなり不便になる，住民の意見が行政に反映されにくくなる，地域の個性や特徴が失われてしまうという懸念があります。

　このような状況において，旧白沢村の社会福祉協議会（現在は，沼田市社会福祉協議会白沢支所）は，「地域福祉活動計画」を策定しました。地域福祉活動計画とは，地域住民やボランティアなどが主体的に参加し，どのように地域福祉を推進していくかをまとめた計画です。地域福祉活動計画を策定することは法律により義務づけられているわけではありません。しかし，編入合併を前に地域福祉活動計画を策定することは，合併後も旧白沢村の「地域の物語」を守るうえで大切な取り組みであったといえるでしょう。

Ｖ　コミュニティの物語をつむぐ　　137

旧白沢村社会福祉協議会における地域福祉活動計画の策定は，そのプロセスがとても興味深いものでした。計画策定には，地域住民の意向が反映される必要があります。その際，計画策定に携わった地域住民，ボランティア団体の代表者は，自らの手でアンケート項目を作成し，戸別訪問による調査を実施しました。また，アンケートの自由記述の集計をKJ法[37]による手作業でおこない，住民の意見をまとめました。まさに手作りで計画の策定がすすめられたといえるでしょう。

　外部のコンサルタントを入れず手作りで作りすすめられた地域福祉活動計画は，その策定プロセスにおいて住民の意識に少なくない刺激を与えました。策定にかかわったボランティア団体の代表は，つぎのように述べています。

　　　ボランティア団体代表——活動計画（地域福祉活動計画）を作るなかで，白沢の人間味あふれる地域性に改めて気づきました。合併によって「白沢村」はなくなるけど，この地域の良い部分は引

『ひだまり計画』
白沢村社会福祉協議会

き継いでいきたいと思います。

　このようなプロセスを経て完成した旧白沢村の地域福祉活動計画は，合併期日前に無事に完成しました。この地域福祉活動計画は，小規模自治体である旧白沢村の「地域の物語」を守る「砦」として機能したといえるでしょう[38]。

4 「地域の物語」に寄り添う

どのように寄り添うのか？

　目まぐるしく変化する現代社会においても，「地域の物語」は比較的安定しています。「地域の物語」が安定的であるということは，住民が当たり前の日常生活を送るうえで重要なことです。しかし，外的な強い力が加わることで，短期間で「地域の物語」が危機的状況に追い込まれることがあります。

　その最たるものは，大規模災害です。そのなかでもとくに注目されるのは，東日本大震災にともない発生した東京電力福島第一原子力発電所の事故[39]です。この原発事故は，被災地域の住民の生活を一変させました。住民の「地域の物語」は予期せず一瞬にして奪われました。ここではナラティヴ・アプローチの観点から，原発事故により全町避難している浪江町の事例に注目したいと思います。

　浪江町は，福島県浜通り北部にある人口2万人ほどの自治体です。事故を起こした福島第一原子力発電所からの20キロから30キロほどの距離に位置します。事故直後の風向きの影響で，大量の放射性物質が浪江町の全域を覆うように降り注ぎました。震災から2年が経過した今でも立ち入りが制限されています。浪江町の全住民は，長期間にわたる避難生活を強いられています。

浪江町の位置

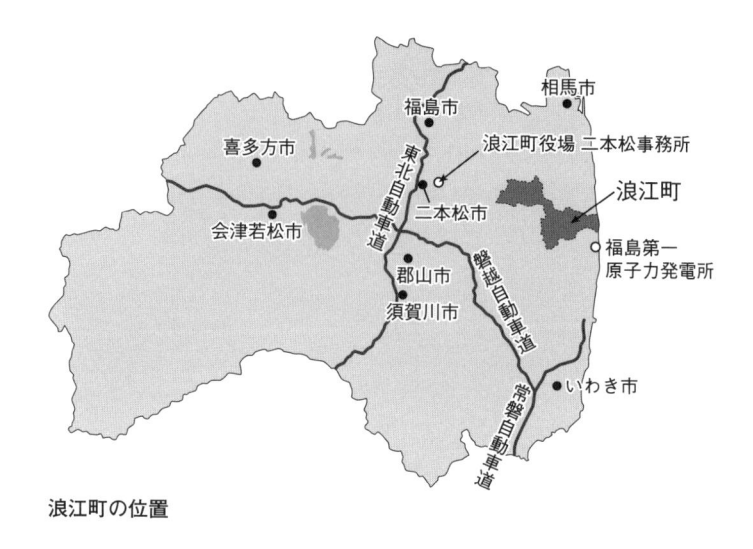

　もともと浪江町は，海と山にかこまれた自然豊かな町でした。海沿いには漁港があり新鮮な魚をとることができました。山沿いの農家では温暖な気候をいかし米や野菜を育てていました。浪江町の住民は，ある日を境に，このような生活のすべてを失いました。
　原発事故以降，浪江町の住民は，二本松市などの近隣の自治体にある仮設住宅で生活を送っています。
　わたしは2013年5月に現地を視察し，避難されている住民の方にインタビューをおこないました[40]。その際，住民の方から，ナラティヴ・アプローチの観点からも考えさせられる話を聴くことができました。
　まず住民の方が仮設住宅での生活で，強調したのは，仮設住宅が「狭い」ということです。たとえば，つぎのような住民の発言があります。

　　浪江町住民——仮設住宅の生活で一番困るのは，狭いということ。こんなに狭い間取りで長い間生活を送るのは本当に大変です。なんといっても自分の家の庭もない。

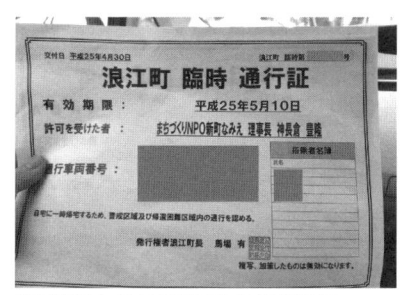

浪江町に入るには特別な許可が必要
（2013年5月，筆者撮影）

町役場から見た市街地。現在は2万人の全住民が避難している（2013年5月，筆者撮影）

人通りがまったくない市街地。放射線量も高い（2013年5月，筆者撮影）

浪江町住民が避難する二本松市の仮設住宅（2013年5月，筆者撮影）

　たしかに仮設住宅の間取りは，1DKから2DK程度であり，決して広いとはいえません。そして長屋のような仮設住宅には庭は存在しません。しかし，都会で暮らす多くの人にとってこのような仮設住宅は，必要十分なものとして映るかもしれません。避難生活という緊急事態であることを考慮すれば，この間取りは合理的な広さといえるでしょう。心ない人は，こうした「狭い」という発言に対し，「贅沢だ」という非難の声を浴びせます。

　ところが住民の浪江町での元の生活を踏まえると，この間取りが「狭い」という住民の気持ちはよく理解できます。浪江町の住民のなかでも，とくに山沿いに住む人々の家屋はとても大きく，広い庭がついているのが一般的です。住民の多くは高齢者で，今まで一度も，集合住宅で暮らしたことはありません。そのような人々にとっては，仮設住宅はたしかに「狭

い」と感じられるでしょう。住民にとっては,「広い庭の付いた広い戸建ての家」での生活が当たり前です。このような住民にとって,狭く庭もない仮設住宅での生活というのは想像以上に過酷です。これはまさに,住民にとって当たり前の「地域の物語」が奪われたことにより生じたコンフリクト（葛藤）といえるでしょう。

　また,浪江町で農業を営んでいた住民は,避難先で買う野菜の値段が「高い」ということを強調しました。たとえばある住民はつぎのように語っています。

> 浪江町住民——野菜が高くて困っています。ほうれん草が一束150円もする。今まで,野菜にお金を出したことなんてない。今では自分の家で食べきれないほどの野菜がとれていた。近所からもたくさんもらっていた。それが今では,わざわざお金を出して野菜を買わなければならない。お金を出して野菜を買うというのには抵抗があります。

　ほうれん草が一束150円という値段が高いか安いかというのは,意見の分かれるところでしょう。しかしここで重要なのは,その価格設定ではありません。農業を営んでいた住民にとっては,お金を出して野菜を買うという行為それ自体に違和感があるのです。避難前は思う存分野菜を使った料理を作ることができました。自分の家でとれた野菜を「うちでとれた野菜だけど食べる？」と言って近隣住民にお裾分けし,逆に近隣住民からいただく野菜を「美味しかった」といってお礼を言うというやりとりが日常的におこなわれていました。

　このような感覚は,都市部に居住する人々からすると理解できないかもしれません。「賠償金をもらっているんだから,お金を出して買えばいい」という心ない言葉を浴びせる人もいるそうです。しかし,それは,今までの当たり前の日常が奪われてしまうという喪失感は,当事者でなければな

かなか理解することはできません。

プランターに植えられた野菜の苗（2013年5月，筆者撮影）

　わたしが訪問した際，仮設住宅の近くに，プランターに植えた野菜の苗がありました。その苗の世話を熱心にしている住民に話を聴いたところ，「除染が進んで野菜が作れるようになったら，この苗を植えまた野菜を作りたい」とのことでした。野菜を自分の手で作るということは，農家を営んでいた住民にとっては，簡単には捨て去れない「地域の物語」なのです。

　ところで浪江町には，漁港があり海の幸にも恵まれた土地です。さきほどの農家と同様の悩みを漁師も抱えています。たとえば仮設住宅で生活する漁師の言葉として以下のようなものがあります。

　　浪江町住民──刺し身を食べるにしても，「解凍もの」は美味しくない。少し高くてもナマの刺し身を買う。一般の人はナマの刺し身を買うと，「贅沢をしている」と思うかもしれない。でも漁師が解凍ものを食べるわけにはいかない。

　これまでいくらでも新鮮な魚を手に入れることができた漁師は，事故後は船を出すことができません。海から離れた仮設住宅での生活は，それま

での生活とは一変しました。それまで自分でとった新鮮な魚をいくらでも食べることができましたが，今はスーパーでパッキングされた切り身を，お金を出して買う必要があります。今までは当たり前に食べることのできていたナマの刺し身が，今では高級品です。だからといって，解凍ものの刺し身を食べるというのは漁師のプライドを傷つけます。しかし，高価なナマの刺し身を買うと周囲の目が気になります。復興は進まず，汚染された海で魚をとる見通しはたっていません。漁師にとって当たり前の日常としての「地域の物語」は奪われたのです。

津波により全壊した港（2013年5月，筆者撮影）

　以上，原子力災害によって一夜にして奪われた浪江町の「地域の物語」を見てきました。この物語は，まさに浪江町に居住している住民にとっての大切な物語です。しかし，その物語の大切さというのは，外部の人々にはなかなか理解してもらえません。ときに贅沢な要望として映るかもしれません。しかし住民たちにとっては，容易に捨て去ることなどできない当たり前の物語なのです。

　震災直後から時間が止まり復興はほとんど進んでいませんが，今後，復興に向けた多くの取り組みがなされていきます。その際，目に見えにくい「地域の物語」は軽視されがちです。今後の浪江町の復興においては，「地

域の物語」を再びていねいにつむぎ直す支援が求められます[41]。

津波に襲われた小学校の体育館。原発事故の影響で時間は止まり復旧は進んでいない（2013年5月，筆者撮影）

　この章では，コミュニティ支援におけるナラティヴ・アプローチの可能性を見てきました。ナラティヴ・アプローチは，「地域」というメゾ領域への支援について積極的な意味を付与することが可能です。そのうえで注目されるのは，「地域の物語」という視点です。「地域の物語」は住民の生活の基盤であり，何気ない当たり前の日常の基盤となっているものです。

　この「地域の物語」が奪われることは，住民の日々の生活に悪影響を及ぼします。また他方では，住民の日々の当たり前の日常生活は，否定的な「地域の物語」を再生産し，固定化させるという負の側面があります。ナラティヴ・アプローチの立場からいえば，この否定的な「地域の物語」を魅力的なものに書き換えることは，コミュニティへの新しい支援の視点として重要といえるでしょう。

VI

ナラティヴ・データを分析する

|1| ナラティヴにエヴィデンスはあるか？

質的研究とナラティヴ・アプローチ

　これまでこの本では，ソーシャルワークの支援方法としてナラティヴ・アプローチに注目してきました。ナラティヴ・アプローチは，個人や家族を対象としたソーシャルワークにおいて新しい可能性を与えてくれます。また，グループやコミュニティにおける従来からおこなわれてきた実践もナラティヴ・アプローチの観点で読み解くことで，新しい意味づけが可能となります。このようなナラティヴ・アプローチは，ソーシャルワークを含めた対人援助のあり方を変える新しい方法論といえるでしょう。

　ところでこのナラティヴ・アプローチは，「科学」の対象としてみると必ずしも肯定的には受け止められてきませんでした。「エヴィデンス（証拠）がない」というナラティヴ・アプローチに寄せられる批判が象徴するように，クライエントによって語られた言葉には，面接場面でのリアリティはあっても，その支援効果を客観的に裏づけるエヴィデンスがないものとしてとらえられてきました。そのため，ナラティヴ・アプローチは，支援者にとっては新しい方法論として評価されるものの，研究者にとっては根拠のない考え方として受け止められてきたきらいがあります。

　このようなナラティヴ・アプローチは，EBP（エヴィデンスにもとづいた実践）とは対立する，NBP（ナラティヴにもとづいた実践）として説明されることがあります。このような対立図式におけるナラティヴ・アプローチは，「クライエントの語りには耳を傾けるが，客観的な根拠のない非科学的な方法」として位置づけられていたといえるでしょう。EBPの立場からいえば，ナラティヴ・アプローチは再現性がなく，非科学的な方法論です。そして，ナラティヴ・アプローチの立場からいえば，EBPはクライエントがつむぐ物語に耳を貸さない血の通っていない方法論です。これま

で，EBP と NBP は，それぞれの正当性を主張し合い，その対立は深まっていたといえるでしょう[42]。

しかし，このような支援の立場をめぐる対立構造が維持されることは，ソーシャルワークにとってあまり幸福とはいえません。当たり前のことですが，ソーシャルワークの支援実践にとってエヴィデンス（科学的根拠）とナラティヴ（クライエントの語り）は，どちらも重要な要素です。さらにいえば，EBP はナラティヴ（クライエントの語り）を軽視する立場ではありません。また，NBP もエヴィデンス（科学的根拠）を軽視する立場ではありません。

それにもかかわらず EBP と NBP は，対立的に論じられる傾向があります。なぜ両者は対立的に論じられてしまうのでしょうか。そこには，いくつかの理由があるように思われます。その一つに，対立的に描いたほうがそれぞれの特徴を描くのに都合がよいという事情があったと推測されます。たしかに，仮想敵を置くことで自らの立場の輪郭を濃くすることが可能です。しかし，わたしはその深層には別の理由があるように思います。それは，EBP と NBP を主張する双方の陣営が，その背後に異なる研究方法論を別々に"密輸入"していたということです。つまり，これまで EBP は量的研究の文脈で主張され，NBP は質的研究の文脈で論じられてきたのです。

わたしはこのような研究方法上のバックグラウンドをもつことが，本来対立することのない EBP と NBP を対立させる最大の原因であったと考えています。数値化可能な量的データにもとづく量的研究と数値化することのできない質的データにもとづく質的研究とは，ソーシャルワークを含む社会科学，人間科学の領域において長い対立の歴史があります。

たとえば量的研究の立場からアンケート調査を実施する場合，最終的に統計解析をおこないやすいように構造化された質問が設定されます。たとえば，なんらかの質問項目に対して，「1．とてもそう思う　2．少しそう思う　3．どちらでもない　4．あまりそう思わない　5．まったくそう

思わない」といった5段階の尺度が設定され，回答者はどれか一つを選び回答します。このようなアンケート調査では，最初から数量化されたデータを得ることができることから，統計解析ソフトを使用すれば再現性のある客観的な分析をおこなうことが可能です。このような量的研究の立場からいえば，質的研究は恣意的であり，再現性のない非科学的な方法として映るでしょう。

　逆に質的研究の立場ではインタビュー調査がおこなわれます。その方法としてよく用いられるのは半構造化面接や非構造化面接とよばれるものです。そこでは文字どおり，具体的な細かい質問項目は設定されず，テーマや大まかな質問項目が示されるだけです。なぜこのような方法を採用するかといえば，回答者の視点や枠組みで構成されたデータにこそ意義があると考えるからです。このような質的研究の立場からいえば，量的研究は，研究者にとって都合のよいデータを集めた方法論で，回答者の視点が十分に反映されていない方法として映ります。

　近年では，量的研究と質的研究は，どちらも一長一短あることから，お互いに補い合う相互補完的な研究方法として考えられるようになっています。しかし，研究者個人のレベルに視点を落として見てみると，どちらかの方法論に偏っているのが現状です。量的研究法と質的研究法は，研究者のアイデンティティとも結びつくため，容易に接合することは難しいといえるでしょう。さきほど見たEBPとNBPが対立的に受け止められてしまう背景にも，このような研究者それぞれの研究方法に対する立場の違いが反映されると考えることができるでしょう。

テキストマイニングとナラティヴ・データ

　近年，「テキストマイニング」とよばれる質的データを統計的に解析する手法が注目を集めています。テキストマイニングには，恣意的になりがちであった質的データを客観的に分析できる可能性があります。つまり，量的研究と質的研究を融合する可能性があるのです。

これまで複雑な文法をもつ日本語のテキストマイニングは困難と言われていました。しかし，高度な辞書機能を搭載したソフトの開発とパソコンの処理性能の高速化により，実用に耐えうる分析方法として進化したといえるでしょう。テキストマイニングのソフトは，かつては，アカデミック版で数十万円，通常のビジネス版では数百万円ほどしましたが，普及にともない価格も下落傾向にあり比較的身近なものになりました。具体的なソフトとして，Text Mining Studio（テキストマイニングスタジオ，NTTデータ数理システム），TRUE TELLER（トゥルーテラー，野村総合研究所），WordMiner（ワードマイナー，日本電子計算）などがあります。また，無料で使えるフリーのソフトも存在します。KH Coder（ケーエイチコーダー，樋口耕一）（http://khc.sourceforge.net/）が有名です。

　こうしたテキストマイニングの技術の発達は，クライエントの語りに注目するナラティヴ・アプローチにとっては大きなアドバンテージ（利点）です。ナラティヴ・アプローチは，研究者の視点ではなく当事者の視点に立ったナラティヴ・データを集めます。そして，このナラティヴ・データについて，研究者の視点から恣意的に分析するのではなく，再現性のある客観的な分析をおこなうことが可能となるのです。この手法を採用すれば，統計解析のために収集するデータをあらかじめ構造化しておく必要はありません。非構造的なナラティヴ・データを構造化して統計解析することが可能なのです[43]。

　このテキストマイニングは非構造的なデータを対象に分析をおこなうことができるため，分析対象となるデータは人間生活のあらゆる側面に存在することになります。とくに近年のわたしたちの生活のデジタル化は，テキストマイニングの適用範囲を広げています。公的な議事録にはじまり，Twitterなどのソーシャルメディアまで，多くのテキスト情報にアクセスすることが可能になっています。これらの情報は，これまでは統計解析の対象とならない非構造的データでしたが，テキストマイニングの手法を用いることで十分に分析に耐えられるデータとなります。

VI　ナラティヴ・データを分析する　　151

近年のテキストマイニング技術の発達には目覚ましいものがあります。複雑な文法をもつ日本語のテキストマイニングはただでさえ解析が難しいわけですが，最近では書き言葉（文語）より複雑な話し言葉（口語）にも対応するようになっています。そして，研究利用だけではなくビジネスの世界での実践場面にも導入が進んでいます。たとえば，コールセンターの問い合わせ内容を分析し，顧客のニーズを把握し，次期商品の開発に応用されるようになっています。

　わたしたちの生活の周辺には無数のデータがあふれていますが，そのほとんどは構造化されていない非構造的なデータです。これまで，統計処理できないこのような非構造的データの多くは有効に活用されてきませんでしたが，テキストマイニング技術の発達により，有効に活用される可能性が出てきたのです。

　さて，ここで学術研究におけるテキストマイニングが量的研究と質的研究を融合させることの意義について考えてみたいと思います。すでに見たように量的研究と質的研究は，どちらにも一長一短があります。すなわち，量的研究は，再現性のある客観的分析が可能ですが，データを収集するうえで研究者にとって都合のよいデータが収集される危険があります。質的研究は，回答者の生活により接近したデータを収集する可能性があるわけですが，その分析において研究者の視点がもち込まれ恣意的なものになる危険性があります。テキストマイニングは，質的研究の利点である回答者のリアルな生活に近いところからデータを収集し，それを数値に置き換えることで，分析においては再現性のある客観的な分析が可能となるのです。

　このようなテキストマイニングの可能性について，この本の関心からいえば，エヴィデンスのあるナラティヴ・データの解析が可能になるといえるでしょう。テキストマイニングは，エヴィデンスが弱いとされてきたナラティヴ・アプローチを補強する技術として大きな可能性を秘めています。

　もちろん，現在のテキストマイニングの性能は必ずしも十分ではないと

ころがあります。テキストマイニングの性能はソフトに搭載されている辞書機能に依存するわけですが，類義語や未知語の処理ではまだ不十分なところもあります。また，分析方法の名称がソフトごとに異なっているなどの統一性の問題もあります。「ビッグデータ」などの大規模データを処理するには，家庭用のパソコンのスピードでは処理に限界があります。このようにテキストマイニングの技術は発展途上にあることは認めざるをえません。しかし，筆者はテキストマイニングにはこのような限界を補ってあまりある，大きな可能性を秘めていると考えています。

　以下では，現状において可能なテキストマイニングの技術を活用し，ナラティヴ・データを解析した実例を紹介したいと思います。

｜2｜　テキストマイニングによる分析の実際（基礎）

分かち書きと係り受け解析

　テキストマイニングの分析においてまず必要な作業は，「分かち書き（形態素解析）」とよばれるものです。分かち書きは，文を文節や単語などの，ある単位で区切ることを意味します。この言葉を聞いて多くの人が思い浮かべる具体例として，小学校低学年の国語の教科書をあげることができるでしょう。そこでは，読解を容易にするために文節や単語ごとに区切りに空白をはさんで記述されています。テキストマイニングにおける分かち書き（形態素解析）も，基本的にはこれと同じ作業をおこなっています。ある程度の長さのある文章を，単語で区切り，ばらばらにします。

　テキストマイニングは，この作業を人間の判断ではなく，高度な辞書機能を搭載したパソコンにより自動的におこなうことができます。たとえば，「わたしはクライエントを支援します。」という文は，「わたし（名詞）＋は（係助詞）＋クライエント（名詞）＋を（格助詞）＋支援（名詞）＋する（動詞）＋ます（助動詞）」というように品詞によって分かち書きすることが

できます。日本語は，英語などの言語とくらべて単語の境界に空白がないため分かち書きをおこなうことが難しい言語です。また，文法の揺らぎが大きく，口述された言葉の解析には課題をかかえていました。しかし，近年の日本語の自然言語処理（NLP）の技術の発展により，精度の高い分かち書きが可能となりました。

　テキストマイニングのソフトによっては，分かち書きよりも高度な「係り受け解析（構文解析）」をおこなうものもあります。この係り受け解析は，単語をばらばらに抽出するだけでなく，文節間の文法的な関係を明らかにします。先ほどの「わたしはクライエントを支援します。」という文を例にとれば，「わたしは」と「クライエントを」という文節が「支援します」という文節に係って（を修飾して）いて，逆に「支援します」という文節が「わたしは」と「クライエントを」を受けて（に修飾されて）いるという係り受け関係を解析することが可能です。この係り受け解析をおこなうことで，ある語句がどのような文脈で用いられるかを探ることができるため，ナラティヴ・データを解析するうえで有効といえるでしょう。

　このような分かち書き（形態素解析）と係り受け解析（構文解析）により，言葉は数値に置き換えられ統計的解析の対象となります。テキストマイニングは，パソコンを使うことでこの複雑な作業を高速でおこない，大量のテキストデータのなかに埋もれた知見を「発掘（Mining）」することが可能になるのです。

　なお，この分かち書きと係り受け解析は，あくまでも研究目的に沿った具体的な分析をおこなう前におこなう下準備です。テキストマイニングでは，分かち書きと係り受け解析によって数値化されたテキストデータをもとに，「頻度分析」，「共起ネットワーク」，「特徴語分析」，「時系列分析」などの各種分析をおこないます。以下では，具体的な分析の例を見ていきます。

頻度分析

　ここではテキストマイニングの具体的な分析方法を見ていくうえで，まず，認知症家族会への参与観察（15グループ，35セッション，2004年～2011年）によって得られた逐語録をデータとしたいと思います。また，分析には，Text Mining Studio 4.2（NTT データ数理システム）というソフトを使用します。

　まずテキストマイニングによるもっとも基本的な分析方法として，「頻度分析」があげられます。これは単純に，分析対象データにおける単語の頻度（出現回数）をカウントするというものです。この分析では，どのような単語が多く出現するかで，分析対象データの全体像を把握することが可能です。また，想定していなかった意外な発見もあります。単純ではありますが，その後の分析を方向づける重要な分析方法です。

　まず見ていきたいのは，名詞の頻度分析の結果（上位100件）です（**表1**）。名詞の頻度は，どのような話題が多かったかを知ることのできる重要な品詞です。

　この結果を見てわかることは，スタッフ（373回），医師（325回），デイサービス（257回），ケアマネージャー（254回），病院（212回）などの社会資源に関する話題と，夫（268回），家族（239），本人（164回），お母さん（152回），おばあちゃん（92回）などの家族関係に関する話題が多いことがわかります。「介護，ケア」を語るうえで，社会資源に関する話題が多くなるということは，ある意味常識的な結果です。しかし，家族関係に関する話題が多いという知見は，認知症家族会の性質を考えるうえで重要です。認知症ケアは，家族関係に大きな影響を及ぼします。そして，そのことについて語り合うことが認知症家族会の重要な役割と考えることができます。

　つぎに見ていきたいのは，形容詞と副詞の頻度分析の結果（上位100件）です（**表2**）。テキストマイニングにおいて，形容詞と副詞は，言葉の意味づけに関連する重要な品詞であり，感性語とよばれています。つまり，さきほどの名詞は，「何が語られたか」を見ていくうえで有用な品詞ですが，

表1　頻度分析（名詞，上位100件）

順位	単語	頻度	順位	単語	頻度	順位	単語	頻度
1	人	660	35	ホームヘルパー	92	70	言葉	51
2	うち	508	37	職員	91	70	状況	51
3	スタッフ	373	38	気	88	73	おむつ	50
4	話	365	39	顔	87	73	介護者	50
5	医師	325	39	気持ち	87	75	相手	48
6	夫	268	41	歳	85	76	中	47
7	複数	266	42	目	84	77	周り	46
8	デイサービス	257	43	下	83	77	上	46
9	ケアマネージャー	254	43	外	83	77	名前	46
10	わけ	251	45	父	82	77	問題	46
11	家族	239	46	トイレ	81	77	訳	46
12	世話人	237	46	ベッド	81	82	形	45
13	母	236	46	身体	81	83	先	44
14	家	220	46	足	81	83	男	44
15	病院	212	46	日	81	83	男性	44
16	前	184	51	声	80	86	おじいちゃん	43
17	認知症	182	52	奥さん	76	87	奥様	42
18	一緒	170	53	介護保険	75	87	車	42
19	本人	164	53	口	75	89	人間	40
20	みなさん	158	55	程度	72	89	水	40
21	時間	155	56	ホーム	71	91	テレビ	39
22	お母さん	152	56	部屋	71	91	胃瘻	39
22	状態	152	56	副会長	71	91	友だち	39
24	手	134	59	保健師	70	94	実際	38
25	家族会	121	60	ごはん	69	94	方法	38
26	ショートステイ	110	61	子ども	66	96	具合	37
26	頭	110	62	特養	62	96	点滴	37
28	風呂	109	63	グループホーム	61	98	兄弟	35
29	薬	107	63	女性	61	98	写真	35
30	お父さん	104	63	年寄り	61	98	心	35
30	娘	104	66	姉	60			
32	親	99	67	車椅子	58			
33	向こう	98	68	お姉さん	56			
34	お金	95	69	リハビリ	52			
35	おばあちゃん	92	70	月	51			

表2 頻度分析（感性語，上位100件）

順位	単語	頻度	順位	単語	頻度	順位	単語	頻度
1	そう	1169	41	好き	87	80	何とか	50
2	良い	878	42	可笑しい	84	80	楽	50
3	もう	861	43	難しい	83	80	少ない	50
4	ちょっと	610	44	だんだん	79	84	しっかり	49
5	やっぱり	577	45	必ず	77	85	確か	48
6	凄い	443	46	しょうが＋ない	74	85	たぶん	48
7	本当に	333	46	どんどん	74	87	ちょうど	47
8	どう	331	48	痛い	72	87	とくに	47
9	大変	284	49	無理	71	87	変	47
10	こう	276	50	きっと	70	90	そのまま	46
11	まだ	274	50	高い	70	90	何か	46
12	まあ	233	50	駄目	70	90	強い	46
13	悪い	229	53	これから	69	93	この前	45
14	そう＋？	201	53	初めて	69	93	こんなに	45
15	よく	199	55	そう＋ない	68	93	急	45
16	いろいろ	196	56	さ	67	96	別に	44
17	ダメ	187	56	さっき	67	97	どうして	43
18	ちゃんと	165	56	まず	67	98	やっと	42
19	すぐ	163	59	とにかく	66	99	良い＋ない	41
20	ぜんぜん	158	60	とても	63	100	実際	40
21	ずっと	144	61	なんとか	61			
21	少し	144	61	ときどき	61			
23	元気	137	63	あんまり	60			
24	どう＋？	129	64	もし	59			
25	結構	126	65	楽しい	58			
26	そんなに	125	66	恐い	57			
27	大丈夫	112	67	ほとんど	56			
28	普通	109	67	嫌	56			
29	早い	107	67	大事	56			
30	若い	105	70	どうしても	55			
31	多い	102	71	だいたい	54			
32	良い＋？	100	71	ぜひ	54			
33	いっぱい	99	71	大きい	54			
33	長い	99	74	ある程度	53			
35	辛い	98	74	うまい	53			
36	一応	97	74	きちんと	53			
37	ほんとに	94	74	ほんと	53			
38	あまり	92	74	必要	53			
39	なかなか	91	79	上手	51			
39	もっと	91	80	やはり	50			

感性語である形容詞，副詞は，それらの話題が「どのように語られたか」を見ていくうえで有用な品詞です。

　この結果を見てわかることは，じつに多様な感性語が用いられているということです。その中でも，動詞を修飾する副詞が上位に多くあることが注目されます。たとえば，もう（861回），ちょっと（610回），やっぱり（577回）などの副詞は，とても頻繁に用いられていることがわかります。より具体的に見ていくために，原文を参照すると，たとえば，「今，自分も状態が……（良くない）。もう逃げ出したいという感じで……。」，「物忘れがひどくてね。ちょっと大変ですね。」，「やっぱりしょうがないのかなと言い聞かせながら，ごめんねといいながら。」といった文脈で用いられていることがわかります。認知症家族会の交流会では，逃避したいほどのしんどさや，八方塞がりの状態におけるあきらめの感情など，率直な感情が表現されていることが理解されます。

ネットワーク分析

　つぎに見ていきたいのは，ネットワーク分析です。単語と単語の関係を図で示すことで，語られた話題やイメージ，行動などを視覚化し，そのパターンを分析するうえで有効です。この分析方法は，テキストマイニングを象徴する分析方法であり，テキストマイニングを用いた研究のほとんどで用いられているものです。

　ネットワーク分析には，大きくわけて二種類の方法があります。一つめは，「共起ネットワーク」とよばれるもので，単語と単語が同時に出現することを図示するものです。二つめは，「係り受けネットワーク」とよばれもので，係り受け解析（構文解析）の結果を反映させ，単語と単語の係り受け関係（修飾する，修飾されるという関係）を明らかにすることが可能です。

　この二つのネットワーク分析の違いについて見ていくために，さきほどと同じ認知症家族会の参与観察のデータの分析結果を用いたいと思いま

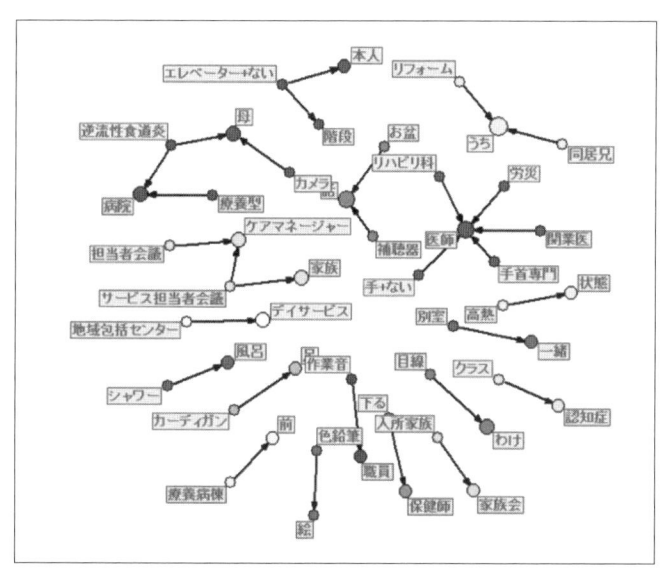

図1　共起ネットワーク（オリジナルはカラー表示）

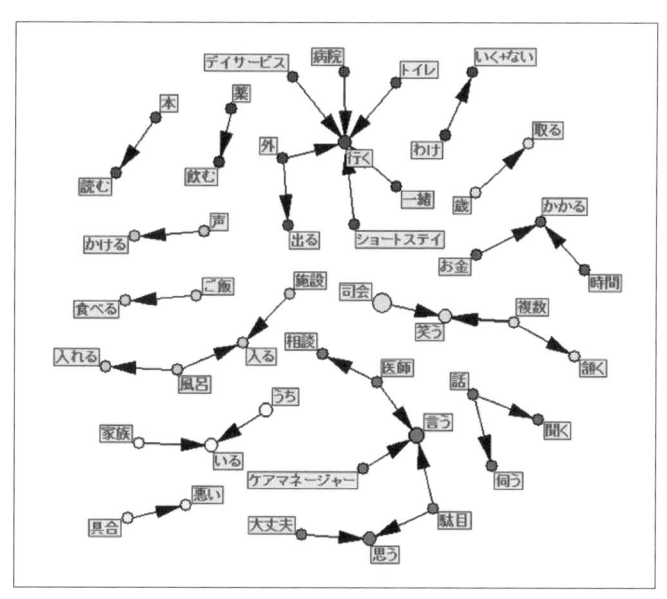

図2　係り受けネットワーク（オリジナルはカラー表示）

Ⅵ　ナラティヴ・データを分析する

す。図1は共起ネットワーク分析（名詞）の結果で，図2は係り受けネットワーク分析（名詞＋動詞・形容詞・副詞）の結果です。

共起ネットワーク分析の意味するところは，似通った単語の出現パターンを図示したものです。この結果は，ある単語が語られたときに，同時にある単語が語られるというパターンについて知ることができます。たとえば，医師＋開業医，サービス担当者会議＋ケアマネージャー，シャワー＋風呂などのように，常識的な内容が抽出されるにとどまっています。

医師という話題が語られるなかで，開業医という単語が出ることに意外性はありません。サービス担当者会議の話題にケアマネージャーという単語が登場することはきわめて自然です。シャワーの話題が語られるなかで風呂という単語が登場することは一般的なことといえるでしょう。この本の関心であるナラティヴ・データの解析において，共起ネットワーク分析では，探索的で興味深い結果を得ることは難しいといえるでしょう。

他方，係り受けネットワーク分析においては，ある単語がある単語に係り，受けているという関係を図示できるため，より深い分析が可能です。たとえば，「かかる」という単語に注目すれば「お金」と「時間」という単語を受けていることがわかります。認知症ケアがお金と時間というコストと関連することが明らかになります。また，「笑う」という単語に注目すると，「司会」や「複数」という単語を受けていることがわかります。これは交流会の場において，ユーモアが多用されていることを示します。

このように見てくると，ナラティヴ・データの分析において，係り受け解析（構文解析）の結果にもとづいた係り受けネットワーク分析は，共起ネットワーク分析よりも意外性のある新しい知見を得るうえで有効といえるでしょう。

3　テキストマイニングによる分析の実際（応用）

評価分析

　以上見てきた頻度分析とネットワーク分析は，多くのテキストマイニングの分析において採用される一般的な分析方法です。最近のソフトにはさらに高度な分析機能が搭載されています。以下ではその高度な分析方法について見ていきたいと思います。

　まず，ナラティヴ・データの分析という立場からとくに注目される分析方法として，「評価分析」について見ていきたいと思います。この評価分析は，どのような単語がどのように評価されているかを探索的に抽出することが可能です。この分析には，ソフトが係り受け解析（構文解析）に対応し，「好き or 嫌い」，「美味しい or 不味い」などの評価語辞書が搭載されていることが必要です。このことにより，「犬が好き」ということが語られた場合，「犬」は肯定的評価を受けたと見なされるのです。

　ここでは，SNS（Social Networking Service）の一つで，ナラティヴ的な内容が投稿されやすい Twitter をデータとしたいと思います。Twitter は，2011年3月11日に発生した東日本大震災においても重要な情報発信，共有ツールとして注目されました。ここでは原子力災害におけるホットスポット（柏市，流山市等）の住民のナラティヴを，評価分析にかけてみます。

　まず，肯定的評価のランキングは，図3のとおりです。肯定的評価の1〜10位は，情報（186ポイント），自分（169ポイント），子ども（162ポイント）など「自分・家族」，「情報・メディア」に関する単語であることがわかります。また，11〜20位では，息子（86ポイント），娘（65ポイント）などの「家族」に関する単語が肯定的に評価されています。

　逆に否定的評価のランキングは図4のとおりです。否定的評価の1〜10位は，自分（−142ポイント），頭（−141ポイント），放射能（−110ポイント），

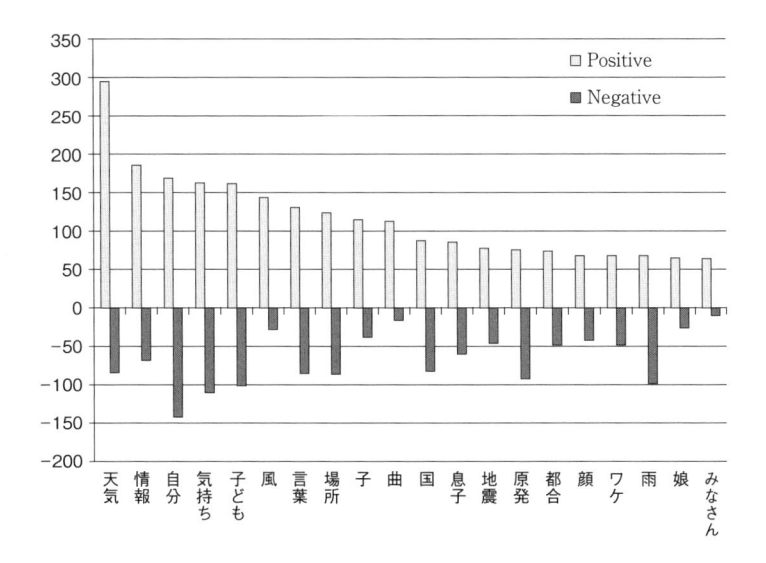

図3 評価分析（肯定語，上位20位）

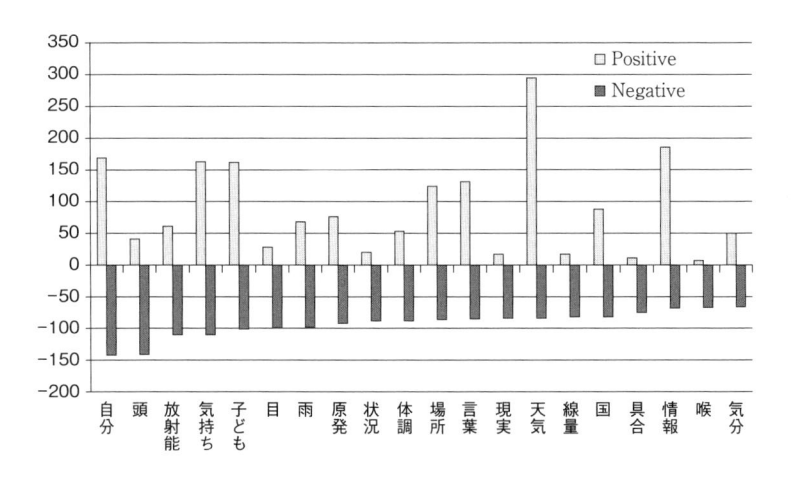

図4 評価分析（否定語，上位20位）

子ども（−101ポイント），原発（−92ポイント）など，「自分・家族」，「原発事故」に関する単語が多くなっています。11〜20位では，情報（−68ポイント），具合（−75ポイント），気分（−57ポイント）など「情報・メディア」，「健康・体調」に関する単語があります。

　ここでは原子力災害におけるホットスポット住民のナラティヴ・データを対象とした評価分析について見てきました。この分析方法は，政策，プログラム，ミクロレベルの介入などのソーシャルワークの実践評価においても応用できる可能性があります。これまで，ソーシャルワークの実践評価において，テキストマイニングを用いた評価分析がおこなわれることはほとんどありませんでした。しかし，テキストマイニングによる評価分析を導入することで，研究者の視点で最初から構造化されたアンケートではなく，住民やクライエントがつむぐナラティヴ・データにもとづいてソーシャルワークの実践を評価できる可能性があるでしょう。

特徴語分析，時系列分析

　評価分析では，SNS の一つである Twitter の投稿をデータとして見てきました。この Twitter のデータには，投稿された日時がわかるという特徴があります。このことは，これまでのアンケートやインタビューによるワンショットサーベイ（1 回かぎりの調査）の限界を克服する可能性があります。つまり，時系列分析をおこなうことで，刻々と変化する住民の生活に接近することが可能です。

　ここではまず，2011 年 3 月を起点とした 3 カ月ごとの期間（第 1 期〜第 6 期）を属性とした特徴語分析の結果を見ていきたいと思います（**表 3**）。この特徴語分析は，ある属性に特徴的に出現する単語を抽出する分析です。

　第 1 期（2011 年 3 月〜2011 年 5 月）の特徴語（指標値）としては，震災（147.83），政府（146.45），地震（127.20）などの単語が抽出されました。第 2 期（2011 年 6 月〜2011 年 8 月）の特徴語（指標値）としては，子ども（315.61），数値（206.95），自分（183.98）などの単語が抽出されました。第

表3 特徴語分析（名詞，3カ月ごと）

第1期（2011年3月～2011年5月）

順位	単語	属性頻度	全体頻度	指標値
1	震災	56	265	147.83
2	政府	89	745	146.45
3	地震	93	873	127.20
4	メルトダウン	36	88	117.54
5	孫さん	28	61	93.45
6	義捐金	28	67	91.81
7	津波	37	215	86.77
8	歌	44	332	82.32
9	情報	90	997	81.52
10	愛	36	222	80.92

第2期（2011年6月～2011年8月）

順位	単語	属性頻度	全体頻度	指標値
1	子ども	503	3,066	315.61
2	数値	142	560	206.95
3	自分	576	3,971	183.98
4	線量測定	73	92	181.94
5	子どもたち	129	681	121.56
6	夏休み	56	129	117.04
7	学校	116	623	105.21
8	放射能	254	1,698	101.61
9	土	74	323	95.82
10	原発	329	2,315	87.02

第3期（2011年9月～2011年11月）

順位	単語	属性頻度	全体頻度	指標値
1	放射能	581	1,698	308.86
2	息子	535	1,654	230.50
3	子ども	904	3,066	227.82
4	脱原発	378	1,068	222.84
5	人	1,496	5,359	207.02
6	みなさん	319	912	181.68
7	義母	123	172	177.14
8	シーベルト	163	400	132.18
9	放射線	180	466	131.49
10	ストロンチウム	102	169	131.18

第4期（2011年12月～2012年2月）

順位	単語	属性頻度	全体頻度	指標値
1	雪	223	277	412.94
2	息子	400	1,654	154.63
3	年	108	255	138.78
4	クリスマス	76	114	130.81
5	娘ちゃん	108	281	125.61
6	地震	225	873	116.04
7	セシウム	188	723	100.22
8	粉ミルク	52	60	98.62
9	家族	179	684	97.64
10	後	459	2,058	96.38

第5期（2012年3月～2012年5月）

順位	単語	属性頻度	全体頻度	指標値
1	天気	162	520	184.48
2	雨	241	978	179.86
3	ライブ	127	352	170.38
4	瓦礫	110	262	167.41
5	水	174	660	151.19
6	長男	122	389	140.14
7	パパ	137	535	111.94
8	桜	56	82	109.00
9	ホルムアルデヒド	51	54	108.84
10	次男	69	168	103.32

第6期（2012年6月～2012年8月）

順位	単語	属性頻度	全体頻度	指標値
1	官邸前	120	125	274.47
2	ニュース	298	1,407	205.91
3	首相官邸前	77	94	170.13
4	新聞	112	333	162.33
5	午前中	95	336	114.46
6	ちび	85	313	97.05
7	次男	62	168	96.95
8	プール	55	130	94.26
9	町会	47	80	94.03
10	いじめ	41	55	88.44

3 期（2011年 9 月～2011年11月）の特徴語（指標値）としては，放射能（308.86），息子（230.50），子ども（227.82）などの単語が抽出されました。第 4 期（2011年12月～2012年 2 月）の特徴語（指標値）としては，雪（412.94），息子（154.63），年（138.78）などの単語が抽出されました。第 5 期（2012年 3 月～2012年 5 月）の特徴語（指標値）としては，天気（184.48），雨（179.86），ライブ（170.38）などの単語が抽出されました。第 6 期（2012年 6 月～2012年 8 月）の特徴語（指標値）としては，官邸前（274.47），ニュース（205.91），首相官邸前（170.13）などの単語が抽出されました。このように 3 カ月ごとの期間を属性とした特徴語分析により，Twitter でつぶやかれた話題の推移をうかがい知ることができます。

　ここではさらにくわしい推移を見るために，第 1 期から第 6 期までのそれぞれの期間を代表するキーワードを選出し，その推移を見ていきたいと思います。ここでは，第 1 期を代表する特徴語（指標値）として震災（147.83），第 2 期を代表する特徴語として子ども（315.61），第 3 期を代表する特徴語として放射能（308.86）と脱原発（222.84），第 5 期を代表する特徴語として瓦礫（167.41），第 6 期を代表する特徴語として官邸前（274.47）をキーワードとして選定しました。このキーワードをもとに，2011年 3 月～2012年 8 月の期間を対象とした時系列分析（割合，1 カ月ごと）をおこなった結果は図 5 のとおりです。

　このキーワードの推移から，2011年 5 月頃に「ホットスポット」が問題化し，子どもの健康被害がクローズアップされ，その後脱原発の社会運動へと移っていく様子が視覚化されたといえるでしょう。

テキストマイニングの限界

　この章では，ナラティヴ・データを分析する新しい方法としてテキストマイニングに注目し，分析の実例を見てきました。テキストマイニングは，エヴィデンスが弱いとされてきたナラティヴ・アプローチを補強する分析手法として有用といえるでしょう。さらにいえば，再現性のある客観

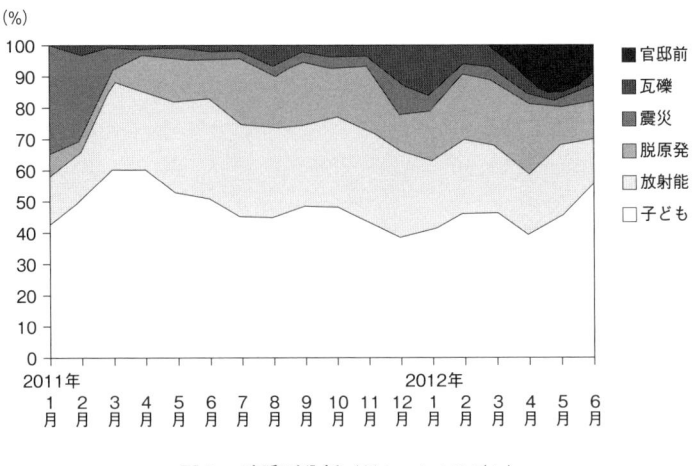

図5　時系列分析（割合，1カ月ごと）

的な分析をおこなう量的研究と，生活者のリアリティに近いデータを収集する質的研究という双方の利点を融合させた理想的な分析方法といえるかもしれません。

　しかし，テキストマイニングには，いくつかの限界があることを踏まえておく必要があります。その限界は，大きく分けて技術的な側面と本質的な側面の二つの側面から指摘することができます。

　技術的な限界としては，テキストマイニングはまだ発展途上の分析手法であるということです。たとえば，日本語の分かち書き（形態素解析）や係り受け解析（構文解析）の精度は，かなり向上したとはいえ，わたしたちが日常的に語っている言葉を解析するには，まだ多くの課題があります。"(´▽`)ノ"，"(・ω・)ノ"，"(´・ω・`)"などの顔文字が付加する微妙なニュアンスを解析する必要もあるでしょう。現状のテキストマイニングの分析は，ソフトに依存している状況で，分析方法の名称の統一は図られていません。一般的に購入可能なパソコンの処理能力では，大量のナラティヴ・データを解析するには時間がかかりすぎます。分析ソフトも無料のものもありますが，操作性が高い高機能なものは，アカデミック版で数

十万円，ビジネス版で数百万円と高価で，身近なものとはいえません。

　テキストマイニングは，発展途上の技術であるため，このような技術的課題をかかえています。しかし，ここで例示した技術的課題は，自然言語処理技術の発展，パソコンの処理能力向上，テキストマイニングの普及などにより，数年以内に解消されていくものと思われます。

　しかし，このような技術的課題が解消されたとしても，テキストマイニングには課題が残ります。それは，テキストマイニングがかかえる本質的な課題といえるでしょう。

　これまで質的研究は，恣意的になりがちな分析方法を克服するため，KJ法やグラウンデッドセオリーアプローチ（GTA）などのコード化，カテゴリー化にもとづく分析手法を発展させてきました。テキストマイニングは，このようなコード化，カテゴリー化による分析手法の延長に位置づけられます。つまり，テキストマイニングとは，質的データをコード化，カテゴリー化を自動化させ，客観的に分析する手法ということができます。

　しかし，このようなデータをコード化，カテゴリー化するだけが「質的研究」のすべてではありません。テキストマイニングの技術が発展したとしても，積み残される課題があります。このことは，これまで見てきたように，データをなるべく切り刻まずに，語りの流れを大事にしながら分析を進める方法です。ウヴェ・フリック（Uwe Flick）は，このような質的研究の方法を，「シークエンス分析」とよんでいます[44]。

　この意味で，テキストマイニングは，万能な研究手法とはいえません。テキストマイニングは，たしかに大規模なナラティヴ・データの大まかな傾向を抽出するうえでは有効です。しかし，語られた内容の意味や文脈を解析していくためには，逐語録を参照しながら，地道に分析していく必要があるのです。

結びにかえて

　この本では，ソーシャルワーク領域におけるナラティヴ・アプローチの可能性を論じてきました。「支援する／される」という非対称的な関係を前提にした「支援」のあり方を問い直し，その限界を克服する可能性をナラティヴ・アプローチに求めました。

　ここでは最後に，各章を振り返ることで，何をどこまで論じることができたのかを確認したいと思います。

　第Ⅰ章では，ナラティヴ・アプローチとは何かを問い直したうえで，「ナラティヴ・ソーシャルワーク」の可能性について論じました。

　これまでの「支援」の限界を乗り越える可能性を秘めたナラティヴ・アプローチは，多くの領域から注目を集める新しい支援方法です。しかし，ナラティヴ・アプローチにはいくつもの疑問や批判が寄せられています。その代表は，「傾聴の技法」と何が違うのかというものです。また，非専門的，非科学的，非社会的，非実用的な支援方法であるという批判も根強くあります。

　このようなナラティヴ・アプローチですが，①物語への言語的介入，②支援関係の問い直しという２点においてソーシャルワークの支援実践に貢献すると考えられます。また同時に，社会的（ソーシャル）な視点をもったナラティヴ・アプローチの新たな可能性を展望することにつながります。

　第Ⅱ章では，「困難事例」とよばれるクライエントへの支援実践をとおして，ソーシャルワークにおけるナラティヴ・アプローチの可能性について論じました。

　「支援」という言葉には注意が必要です。「支援」には，「クライエントのため」という「善意」が埋め込まれています。しかし，実際には，クライ

エントを傷つける「支援」も少なくありません。とくに「困難事例」とよばれる人々への支援はそのようになりがちです。そもそも，「困難事例」とは，「支援」が上手くいかないことをごまかす言葉といえるでしょう。

　ナラティヴ・アプローチでは，「困難事例」とよばれる人々に対して，「無知の姿勢」で接し，なるべく偏見や先入観をもち込まないようにかかわります。そして，クライエントの「こだわっている物語」に揺さぶりをかけ，その物語から距離をとり，「例外」を見つけます。そのうえで支援者は，「複雑な物語」の持ち主としてクライエントを理解し，そのことを他の人とも共有し，理解者を増やしていきます。このような支援プロセスは，「困難事例」とよばれるクライエントの「問題」を剥がし，その隙間から「希望」の物語をつむぎだす可能性があります。

　第Ⅲ章では，「多問題家族」を事例としてとりあげ，「問題」を語らない認知症患者と不登校児に対し，ナラティヴ・アプローチを用いてどのように支援するのかということを論じました。

　一般的には，支援関係は「対等」であることが望ましいとされます。そのため支援者も，なるべく支援関係を「対等」なものとするために努力します。しかし，そのような支援関係を築くことは容易ではありません。そもそも「支援」という行為にはそれ自体に権力が埋め込まれているのです。そのためナラティヴ・アプローチでは，「支援」を放棄します。その代わり「無知の姿勢」をとることで，クライエントの物語をていねいにつむぐことに力を注ぎます。

　ナラティヴ・アプローチの視点から「多問題家族」を見ていくと，クライエントが自分の「問題」にそれほど自覚的ではないことがわかってきます。じつはクライエントの「問題」を「問題」とよんでいるのは，専門職を含む周囲の人々です。ナラティヴ・アプローチでは，「問題」を上塗りするのではなく，「問題」を引き剥がすようにクライエントとかかわります。そして，「こだわっている物語」の揺らぎに注目することで，「もう一つの物語」という「例外」を発見します。この「例外」を糸口として，「希

望」の物語をつむぐ可能性があります。

　第Ⅳ章では，ナラティヴ・アプローチの立場から，セルフヘルプ・グループにおける言語的営みについて論じました。

　セルフヘルプ・グループの交流会は，同じ悩みをかかえた「当事者」が支え合う場と考えられてきました。しかし，「当事者」だからといって悩みを分かち合えるわけではありません。まったく同じ経験を共有する人は存在しません。ときには「当事者」同士が対立することすらあるのです。

　それにもかかわらず交流会の場では，悩みを分かち合うことができているように思われます。このことを可能にしているのは，交流会の場における言語的営みです。交流会の場では，ナラティヴ・アプローチと似たやりとりがおこなわれていると考えられます。

　第Ⅴ章では，コミュニティ（地域）への支援に，ナラティヴ・アプローチがどのように応用できるかを論じました。

　ナラティヴ・アプローチの立場から地域支援を考えるうえで有効な概念は，「地域の物語」です。「地域の物語」は，住民ではない外部の人から見れば取るに足らないものかもしれません。しかし，地域住民にとっては当たり前の日常生活を送るうえで欠かすことのできない大切な物語です。この意味における「地域の物語」は，ソーシャルワークの言葉でいえば地域支援を考えるうえで無視することのできない社会資源です。

　「地域の物語」は，平成の大合併や東日本大震災などの外的な要因で奪われる危険があります。こうした失われる「地域の物語」に配慮した地域支援こそ，ナラティヴ・アプローチが貢献できる部分です。また，消えゆく「地域の物語」を守ることや，否定的な「地域の物語」に新たな意味を見出すことは，地域住民に「希望」を与える地域支援のあり方といえます。

　第Ⅵ章では，ナラティヴ・データを分析する新しい方法としてテキストマイニングを紹介し，その可能性を論じました。

　ナラティヴ・アプローチは，「エヴィデンス（科学的な根拠）」がないという批判を受けます。当事者によってつむがれた言葉にはリアリティがあ

りますが，再現性のない非科学的なデータとして受け止められてきました。そのため，「ナラティヴにもとづいた実践（NBP）」は，「エヴィデンスにもとづいた実践（EBP）」と対立的に論じられてきました。このような対立があることはソーシャルワークの実践と研究にとって幸福とはいえません。

　この点を克服する分析方法として注目されるのが「テキストマイニング」です。テキストマイニングは，質的なナラティヴ・データを数値化し，統計的に解析する方法です。近年では高度な辞書機能を搭載したソフトが開発され，パソコンの処理速度も大きく向上したこともあり，精度の高い分析がおこなえるようになりました。もちろん，テキストマイニングは万能の分析方法ではありません。数値化されるデータからこぼれ落ちてしまう意味や文脈を読み解くことの意義は失われていません。

　以上，この本で論じてきたことを振り返ってみましたが，ここで「ナラティヴ・アプローチを論じる」ということの本質的な難しさに気づかされます。ナラティヴ・アプローチの立場から言えば，この本で論じたことは，複数ある論じ方の一つにすぎません。つまり，筆者であるわたしがつむいだ一つの「物語」なのです。

　ある物語が成立するということは，それ以外の物語が抑圧，隠蔽されていることを意味します。「ナラティヴ・ソーシャルワーク」という関心からつむがれたこの本は，それ以外の支援の可能性について触れることができていません。もしかしたら，より適切な別の支援方法があったのかもしれません。この本で論じてきたことは，ナラティヴ・アプローチの一つの可能性であり，またソーシャルワークの一つの可能性にすぎないのです。

　このことを踏まえたうえで浮かびあがる今後の課題は，「ナラティヴ・ソーシャルワーク」が他の支援方法とどのような位置関係にあり，どのように連携する可能性があるのかを明らかにすることです。

　たとえば，ナラティヴ・アプローチは，「ソリューション・フォーカスト・アプローチ（解決志向アプローチ）」と近い関係にあるといわれていま

す。この本では論じることができませんでしたが，第Ⅲ章で取り上げた多問題家族への支援の終盤では，ソリューション・フォーカスト・アプローチの質問法が用いられています。「ナラティヴ・アプローチ」という一つの方法論の枠にとらわれず，「クライエントのため」になることであれば，積極的に他のアプローチを取り入れていくことは大切です。

また，今のソーシャルワークの大きな潮流である「ジェネラリスト・ソーシャルワーク」にナラティヴ・アプローチがどのように位置づけられるのかを考えることは重要な仕事です。ジェネラリスト・ソーシャルワークは，時代の要請にあわせ新しい支援方法を柔軟に取り入れてきました。現状では，社会構成主義にもとづくナラティヴ・アプローチは，ジェネラリスト・ソーシャルワークには馴染みません。しかし，今後の展開次第では，十分に連携する可能性を秘めているといえるでしょう。

謝辞

この本は，多くの方の協力をいただき出版することができました。事例を提供していただいた当事者の方々，分析のヒントをいただいた研究者の方々，その他にもたくさんの方にご協力をいただきました。深く感謝申し上げます。

なおこの本は，科研費（15730267，19730369，24730471），平成16年度日本興亜福祉財団ジェロントロジー研究助成金の助成を受けた10年ほどの研究成果をまとめたものです。また，出版にあたっては，平成25年度駒澤大学特別研究出版助成を受けました。

2014年1月18日

荒井浩道

注

1) ナラティヴ・アプローチを直接的に用いたソーシャルワーク実践として，たとえばつぎの論考があります。荒井浩道（2008）「繋がっていかない利用者への支援―ソーシャルワークにおけるナラティヴ・アプローチの可能性」崎山治男・伊藤智樹・佐藤恵・三井さよ編『〈支援〉の社会学―現場に向き合う思考』青弓社，114-137.
2) Anderson, Harlene (1997) *Conversation, Language, And Possibilities: A Postmodern Approach to Therapy*, Basic Books.（=2001，野村直樹・青木義子・吉川悟訳『会話・言語・そして可能性―コラボレイティヴとは？セラピーとは？』金剛出版）
3) 社会構成主義は，「社会構築主義」とか，たんに「構築主義」と表現されることもあります。この本では，ものごとが社会的に構成される（作られる）という意味で，「社会構成主義」という言葉を使っています。上野千鶴子編（2001）『構築主義とは何か』勁草書房.
4) McNamee, Sheila and Gergen, Kenneth J., eds. (1992) *Therapy as Social Construction*, Sage Publications.（=1998，野口裕二・野村直樹訳『ナラティヴ・セラピー―社会構成主義の実践』金剛出版）
5) White, Michael and Epston, David (1990) *Narrative Means to Therapeutic Ends*, Norton.（=1992，小森康永訳『物語としての家族』金剛出版）
6) White, Michael (2007) *Maps of Narrative Practice*, Norton.（=2009，小森康永・奥野光訳『ナラティヴ実践地図』金剛出版）
7) Anderson, Harlene (1997) *Conversation, Language, And Possibilities: A Postmodern Approach To Therapy*, Basic Books.（=2001，野村直樹・青木義子・吉川悟訳『会話・言語・そして可能性―コラボレイティヴとは？セラピーとは？』金剛出版）
Anderson, H. and Goolishian, H. (1992) The Client is the Expert: A Not-Knowing Approach to Therapy. in McNamee, S. and Gergen, K. J. eds., *Therapy as Social Construction*, Sage.（=1998，「クライエントこそ専門家である―セラピーにおける無知のアプローチ」野口裕二・野村直樹訳『ナラティヴ・セラピー―社会構成主義の実践』金剛出版，59-88）
8) Andersen, Tom, ed. (1991) *The Reflecting Team: Dialogues and Dialogues about the Dialogues*, Norton.（=2001，鈴木浩二監訳『リフレクティング・プロセス―会話における会話と会話』金剛出版）．矢原隆行・田代順（2008）『ナラティヴからコミュニケーションへ―リフレクティング・プロセスの実践―』弘文堂．
9) Kleinman, Arthur (1980) *Patients and Healers in the Context of Culture*, University of California Press.（=1992，大橋英寿・遠山宜哉・作道信介・川村邦光訳『臨床人

類学―文化のなかの病者と治療者』弘文堂). Kleinman, Arthur (1988) *The Illness Narratives: Suffering, Healing, and the Human Condition*, Basic Books. (=1996, 江口重幸・五木田紳・上野豪志訳『病いの語り―慢性の病いをめぐる臨床人類学』誠信書房). Frank, Arthur W. (1995) *The Wounded Storyteller: Body, Illness, and Ethics*, The University of Chicago Press. (=2002, 鈴木智之訳『傷ついた物語の語り手―身体・病い・倫理』ゆみる出版)

10) 野口裕二 (2002) 『物語としてのケア―ナラティヴ・アプローチの世界へ』医学書院. 野口裕二編 (2009) 『ナラティヴ・アプローチ』勁草書房. 伊藤智樹 (2009) 『セルフヘルプ・グループの自己物語論―アルコホリズムと死別体験を例に』ハーベスト社. 伊藤智樹編 (2013) 『ピア・サポートの社会学― ALS, 認知症介護, 依存症, 自死遺児, 犯罪被害者の物語』晃洋書房.

11) 向谷地生良 (2006) 『「べてるの家」から吹く風』いのちのことば社.

12) 平井麻紀 (2011) 「『生きている本』との対話―リビングライブラリーという試み」『専門図書館』247, 45-49.

13) Flick, Uwe (2007) *Qualitative Sozialforschung*, Rowohlt Taschenbuch Verla. (=2011, 小田博志監訳『新版 質的研究入門―〈人間の科学〉のための方法論』春秋社)

14) Biestek, Felix P. (1957) *The Casework Relationship*, Loyola University Press. (=2006, 尾崎新・原田和幸・福田俊子訳『(新訳改訂版) ケースワークの原則―援助関係を形成する技法』誠信書房)

15) 厚生労働省社会・援護局 (2007) 「社会福祉士及び介護福祉士法等の一部を改正する法律案について」.

16) Margolin, Leslie (1997) *Under the Cover of Kindness: the Invention of Social Work*, University of Virginia Press. (=2003, 中河伸俊・上野加代子・足立佳美訳『ソーシャルワークの社会的構築―優しさの名のもとに』明石書店)

17) Greenhalgh, Trisha and Hurwitz, Brian (1998) *Narrative Based Medicine*, BMJ Press. (=2001, 斎藤清二・山本和利・岸本寛史監訳『ナラティブ・ベイスト・メディスン―臨床における物語りと対話』金剛出版). 三島亜紀子 (2007) 『社会福祉学の〈科学〉性―ソーシャルワーカーは専門職か?』勁草書房.

18) 日本家族研究・家族療法学会 (2001) 『家族療法研究 (特集:ナラティヴ・セラピーを考える)』18 (2). 日本家族研究・家族療法学会 (2009) 『家族療法研究 (特集:ナラティヴ・アプローチの現在」) 26 (2).

19) 社会福祉振興・試験センター「社会福祉士試験科目別出題基準:相談援助の理論と方法」(http://www.sssc.or.jp/shakai/kijun/attachment.html#syakai13, 2013年11月5日アクセス)

20) Turner, Francis J. (1996) *Social Work Treatment*, 4th Edition, Simon & Schuster.

(＝1999，米本秀仁監訳『ソーシャルワーク・トリートメント―相互連結理論アプローチ』中央法規出版）．久保紘章・副田あけみ編（2005）『ソーシャルワークの実践モデル―心理社会的アプローチからナラティブまで』川島書店．

21）「ナラティヴ・ソーシャルワーク」という言葉はこれまで一般的ではありませんでしたが，欧米では少しずつ論じられるようになっています。たとえば，2011年にカレン・D・ロスコー（Karen D. Roscoe）などが，"Narrative social work: conversations between theory and practice"という論文を書いています。また2013年には，クライヴ・ボールドウィン（Clive Baldwin）が，"Narrative Social Work: Theory and Application"という著書を出版しています。Roscoe, Karen Dawn, Carson, Alexander M. and Madoc-Jones, Lolo（2010）Narrative social work: conversations between theory and practice, *Journal of Social Work Practice: Psychotherapeutic Approaches in Health, Welfare and the Community*, 25（1），47-61．Baldwin, Clive（2013）*Narrative Social Work: Theory and Application*, Policy Press.

22）ここで参照する事例は，クライエントに対して研究利用の包括的な許可を口頭でとり，また倫理的配慮から匿名性に最大限配慮し実際の発話内容や行動などには大幅な変更を加えています。

23）White, Michael and Epston, David（1990）*Narrative Means to Therapeutic Ends*, Norton.（＝1992，小森康永訳『物語としての家族』金剛出版）

24）社会福祉士の行動規範では，「6．利用者の意思決定能力への対応」として「社会福祉士は，常に自らの業務がパターナリズムに陥らないように，自己の点検に務めなければならない」と定められています。

25）石川時子（2007）「パターナリズムの概念とその正当化基準―『自律を尊重するパターナリズム』に着目して」『社会福祉学』48（1），5-16．

26）福祉士養成講座編集委員会（2010）『新・社会福祉士養成講座〈6〉相談援助の基盤と専門職』中央法規出版．

27）ここで参照する事例は，クライエントに対して研究利用の包括的な許可を口頭でとり，また倫理的配慮から匿名性に最大限配慮し実際の発話内容や行動などには大幅な変更を加えています。

28）荒井浩道（2013）「〈聴く〉場としてのセルフヘルプ・グループ―認知症家族会を事例として」伊藤智樹編『ピア・サポートの社会学― ALS，認知症介護，依存症，自死遺児，犯罪被害者の物語』晃洋書房，33-68．

29）向谷地生良（2009）『技法以前―べてるの家のつくりかた』医学書院．

30）岩間伸之（2011）「わが国におけるジェネラリスト・ソーシャルワークの到達点―地域を基盤としたソーシャルワークの展開を基軸として」日本ソーシャルワーカー協会『ソーシャルワーカー』(11)，1-14．

31）Johnson, Louise C. and Yanca, Stephen J.（2001）*Social Work Practice: A Generalist*

Approach, 7th ed., Allyn & Bacon.（＝2004, 山辺朗子・岩間伸之訳『ジェネラリスト・ソーシャルワーク』ミネルヴァ書房）. Kirst-Ashman, Karen K.（2000）*Human Behavior, Communities, Organizations, and Groups in the Macro Social Environment: An Empowerment Approach*, Thomson.（＝2007, 宍戸明美監訳・得津慎子・梅崎薫・舟木紳介訳『マクロからミクロのジェネラリストソーシャルワーク実践の展開』筒井書房）. 岩間伸之（2011）「わが国におけるジェネラリスト・ソーシャルワークの到達点―地域を基盤としたソーシャルワークの展開を基軸として」『ソーシャルワーカー』(11), 1-14.

32)「地域の物語」を考えていくうえで，マーシャル・ガンツ（Marshall Ganz）の「公共の物語」(public narrative) が参考になります。彼が提唱する「コミュニティ・オーガナイジング（Community Organizing）」は，「物語」を活用した新しい住民組織化の方法として注目を集めています。Ganz, Marshall（2011）Public Narrative, Collective Action, and Power, Chapter 18 in Odugbemi, Sina and Lee, Taeku eds., *Accountability Through Public Opinion: From Inertia to Public Action*, The World Bank, 273-289.

33) ここで取り上げる「たくみの里」は，「観光福祉」としても魅力的な事例です。「観光福祉」の立場から「たくみの里」を取り上げたものとしては以下をあげることができます。荒井浩道（2013）「観光福祉の実際―群馬県みなかみ町たくみの里」川村匡由・立岡浩編『観光福祉論』ミネルヴァ書房，98-108.

34) 溝尾良隆「群馬県新治村におけるリゾート開発計画とリゾート地域の形成過程」『経済地理学年報』42（3），経済地理学会，160-174. 財団法人新治農村公園公社「農村観光地たくみの里」(財団法人新治農村公園公社提供資料)

35) 河合さんは，国土交通省などが選ぶ「観光カリスマ」として活躍されています。(http://www.mlit.go.jp/kankocho/shisaku/jinzai/charisma/mr_kawai.html，2013年11月25日アクセス)

36) 荒井浩道（2007）「各地の動向―群馬県沼田市」川村匡由編『市町村合併と地域福祉―「平成の大合併」全国実態調査からみた課題』ミネルヴァ書房，139-153.

37) KJ法とはアイデアをカードに記し，整理分類する方法です。考案者である川喜田二郎のイニシャルにちなみKJ法とよばれています。川喜田二郎『発想法―創造性開発のために』中公新書.

38) ホワイト＆エプストンの「ナラティヴ・セラピー」では，希望に満ちた物語が消えないように「手紙」や「証明書」が使われます。旧白沢村社会福祉協議会が策定した「地域福祉活動計画」は，コミュニティを支援するうえで似た効果をもつといえるでしょう。White, Michael（2007）*Maps of Narrative Practice*, Norton.（＝2009, 小森康永・奥野光訳『ナラティヴ実践地図』金剛出版）

39) 東京電力福島第一原子力発電所の事故は，国際原子力事象評価尺度（INES）Level

7（深刻な事故）の重大な原子力災害となりました。
40）この視察は，早稲田大学都市計画系佐藤滋研究室，特定非営利活動法人「まちづくりNPO新町なみえ」の協力により実現しました。参加メンバーは，一般社団法人シニア社会学会（会長：袖井孝子）の10名です。
41）ナラティヴ・アプローチの観点から浪江町の復興を考えるうえで早稲田大学による浪江町復興支援協働プロジェクトの取り組みは示唆的です。このプロジェクトでは，避難先の中心市街地に協働復興街区を建設する「まちなか型町外コミュニティ」，仮設住宅団地と周辺に形成される「郊外型町外コミュニティ」，浪江町への帰還の起点となる沿岸部の高台に形成する前線拠点としての「町内コミュニティ」という3つの復興モデルを提示することで，「地域の物語」に配慮した提案がなされています。早稲田大学都市・地域研究所＋都市計画佐藤滋研究室＋交通計画浅野光行研究室「浪江宣言13.03—協働復興まちづくりに向けた具体像と，実現へ向けた協働の仕組みの提案」(http://www.satoh.arch.waseda.ac.jp/satoh_lab_20110708/project/namie/Namiedeclaration.pdf）
42）斎藤清二（2012）『医療におけるナラティブとエビデンス—対立から調和へ』遠見書房．
43）Feldman, R. and Sanger, J.（2007）*The Text Mining Handbook: Advanced Approaches in Analyzing Unstructured Data*, Cambridge University Press.（＝2010，辻井潤一監訳，IBM東京基礎研究所テキストマイニングハンドブック翻訳チーム訳『テキストマイニングハンドブック』東京電機大学出版局）
44）Flick, Uwe（2007）*Qualitative Sozialforschung*, Rowohlt Taschenbuch Verla.（＝2011，小田博志監訳『新版　質的研究入門—〈人間の科学〉のための方法論』春秋社）

著者紹介
荒井浩道（あらい・ひろみち）
1973年群馬県生まれ。
早稲田大学大学院人間科学研究科修了。
博士（人間科学），社会福祉士。
早稲田大学助手，駒澤大学専任講師，准教授等を経て
現在，駒澤大学教授。
2012年，日本老年社会科学会奨励賞受賞。
著書に『ソーシャルワーカーのミライ』『ソーシャルワーカーのソダチ』『ソーシャルワーカーのジリツ』（以上，共著，生活書院），論文に"弱い支援者"の技法—"支援しない"ことを"する"—」（『N：ナラティヴとケア』16, 38-44），"ナラティヴ（narrative）"にもとづいたソーシャルワーク実践」（『ソーシャルワーク研究』2(1), 30-37），「ソーシャルワークにおける家族療法としてのナラティヴ・アプローチ」（『家族療法研究』40(3), 39-43），「認知症ケアにおけるソーシャルワーク的支援と"語り"」（『日本認知症ケア学会誌』21(4), 507-513）などがある．

ナラティヴ・ソーシャルワーク
——"〈支援〉しない支援"の方法

2014年2月20日　第1版第1刷発行
2025年4月20日　第1版第4刷発行

著　者＝荒井浩道

発行者＝株式会社 新 泉 社
　　　　東京都文京区湯島1-2-5　聖堂前ビル
　　　　TEL 03 (5296) 9620／FAX 03 (5296) 9621

印刷・製本　創栄図書印刷

ISBN978-4-7877-1404-6　C1011

装幀　勝木雄二

新泉社の本

〈社会福祉〉
実践と研究への新たな挑戦
石川到覚監修, 岩崎 香・北本佳子編著
A5判196頁／1800円+税

子育て支援 制度と現場
よりよい支援への社会学的考察
白井千晶・岡本晶子編著
A5判288頁／2500円+税

子育て支援の社会学
社会化のジレンマと家族の変容
松木洋人著
四六判上製276頁／2500円+税

入門 家族社会学
永田夏来・松木洋人編
A5判240頁／2300円+税

概念としての家族
家族社会学のニッチと構築主義
木戸 功著
四六判上製260頁／2200円+税

男の介護
認知症介護で困っているあなたに
中村和仁著
四六判240頁／1600円+税